ÉPISTOLIERS
DU XVIIIᵉ SIÈCLE

Mme Du Deffand.

D'après un dessin de Carmontelle.

CLASSIQUES LAROUSSE

Collection fondée par
FÉLIX GUIRAND

Dirigée par
LÉON LEJEALLE,
Agrégé des Lettres

ÉPISTOLIERS
DU XVIIIE SIÈCLE

(à l'exception de Voltaire, Diderot, Rousseau)

avec des Notices littéraires, des Notes explicatives,
des Jugements, des Questionnaires
et des Sujets de devoirs,

par

E. FEUILLÂTRE   et   Mme E. FEUILLÂTRE
Agrégé de l'Université   Licenciée ès Lettres

LIBRAIRIE LAROUSSE — PARIS-VIe

13 à 21, rue Montparnasse, et boulevard Raspail, 114
Succursale : 58, rue des Écoles (Sorbonne)

CHRONOLOGIE DES AUTEURS ET DES LETTRES
CITÉS DANS CE RECUEIL

1740. — *Lettre de Vauvenargues au marquis de Mirabeau.* (L. I.)
1742. — *Lettre du président Hénault à Mme Du Deffand.* (L. IX.)
1743. — *Lettre de Vauvenargues à Voltaire.* (L. II.)
1747. — Mort de Vauvenargues (né en 1715).
        Lettre de Mme de Staal à Mme Du Deffand. (L. III.)
1750. — Mort de Mme de Staal (née en 1684).
1753. — *Lettre de Beaumarchais au « Mercure ».* (L. XXI.)
1754. — *Lettre de Mme Du Deffand à Mlle de Lespinasse.* (L. IV.)
1760. — *Lettre de d'Alembert à Voltaire.* (L. XI.)
1762. — *Lettre de Buffon à M. de Puymaurin.* (L. XVIII.)
        Lettre de d'Alembert à Voltaire. (L. XII.)
1763. — *Lettre de d'Alembert à Mme Du Deffand.* (L. XIII.)
1764. — *Lettre de Mme Du Deffand à Mlle de Lespinasse.* (L. V.)
        Lettre de Mme Du Deffand à Voltaire. (L. VI.)
1766. — *Portrait de la duchesse de Choiseul par Mme Du Deffand.*
        Lettre de Mme Du Deffand à Voltaire. (L. VII.)
        Lettre de Beaumarchais à M. Dubucq. (L. XXII.)
1767. — *Lettre de Mme Du Deffand à Horace Walpole.* (L. VIII.)
1768. — *Lettre de Bernardin de Saint-Pierre à M. Hennin.* (L. XXIV.)
1770. — *Lettre de l'abbé Barthélemy à Mme Du Deffand.* (L. XIV.)
        Mort du président Hénault (né en 1685).
1771. — *Deux lettres de l'abbé Barthélemy à Mme Du Deffand.* (L. XV et XVI.)
        Réponse de la duchesse de Choiseul à une épître de Voltaire. (L. XVII.)
1772. — *Lettre de Buffon à Guyton de Morveau.* (L. XIX.)
1774. — *Portrait de Mme Du Deffand par elle-même.*
        Lettre de Mlle de Lespinasse à M. de Guibert. (L. X.)
1776. — Mort de Mlle de Lespinasse (née en 1732).
1777. — *Lettre de Beaumarchais aux comédiens français.* (L. XXIII.)
1778. — *Lettre de Mme Roland à Sophie Cannet.* (L. XXVI.)
        Lettre de Mirabeau à Sophie. (L. XXXIII.)
        Lettre de Mirabeau à son père. (L. XXXIV.)
1779. — *Lettre de Mme Roland à Roland.* (L. XXVII.)
1780. — Mort de Mme Du Deffand (née en 1697).
1781. — *Lettre de Buffon à l'abbé Bexon.* (L. XX.)
1783. — Mort de d'Alembert (né en 1717).
1785. — *Lettre de Mme Roland à M. Bosc.* (L. XXVIII.)
1787. — *Lettre de Mme Roland à Roland.* (L. XXIX.)
1788. — Mort de Buffon (né en 1707).
1789. — *Lettre de Mirabeau au major de Mauvillon.* (L. XXXV.)
1790. — *Lettre de Mme Roland à Bancal des Issarts.* (L. XXX.)
1791. — Mort de Mirabeau (né en 1749).
1793. — *Lettre de Mme Roland à Buzot.* (L. XXXI.)
        Lettre de Mme Roland à sa fille. (L. XXXII.)
        Mort de Mme Roland (née en 1754).
1795. — Mort de l'abbé Barthélemy (né en 1716).
1796. — *Lettre de Ducis à Bernardin de Saint-Pierre.* (L. XXV.)
1799. — Mort de Beaumarchais (né en 1732).
1801. — Mort de la duchesse de Choiseul (née en 1736).
1814. — Mort de Bernardin de Saint-Pierre (né en 1737).
1816. — Mort de Ducis (né en 1733).

ÉPISTOLIERS
DU XVIIIᵉ SIÈCLE

AVANT-PROPOS

La poste. — Du XVIIᵉ au XVIIIᵉ siècle, les progrès sont peu importants ; aussi, renvoyons-nous le lecteur à ce que nous avons écrit dans la Notice de notre édition des *Lettres* de Mᵐᵉ de Sévigné. La ferme des lettres, instituée en 1672, a continué de fonctionner, et des boîtes ont été disposées dans Paris pour le service intérieur.

La correspondance. — On écrit encore beaucoup au XVIIIᵉ siècle. La lettre prolonge la conversation, qui est, on le sait, l'une des occupations les plus goûtées des gens de qualité et de tous ceux qu'intéressent le mouvement des idées, la littérature, les arts. Les relations avec l'étranger se sont développées : des « souverains éclairés » ont donné l'exemple. Les progrès des sciences et la nécessité des échanges entre savants ; le luxe grandissant qui multiplie les besoins et, par contrecoup, donne un essor au commerce, à la navigation, aux voyages ; la création de grandes compagnies coloniales : tout contribue à accroître le volume des correspondances échangées et à en modifier la nature.

Les épistoliers. — Ils sont légion. Parmi eux, nous avons dû faire un choix. Les volumes publiés antérieurement dans cette collection ne nous ont pas permis de donner une place à Voltaire, à Diderot, à Rousseau. La couronne a perdu ses plus beaux fleurons.

Toutefois, leur influence est toujours vivante. Il est peu de pages où l'on ne les sente présents, tellement ils ont agi sur l'esprit et la sensibilité du siècle. Les *minores* ont aussi leur intérêt et leur originalité ; et ce ne sont pas toujours les meilleurs auteurs qui sont les épistoliers les plus attachants.

Nous avons ouvert la série par Vauvenargues : nul ne contestera le charme qui s'attache à cette nature souffrante, courageuse et sensible. Puis, nous avons groupé autour de Mᵐᵉ Du Deffand les personnages qui ont évolué près d'elle : Mᵐᵉ de Staal, qui a tant de talent ; l'épicurien sérieux que fut le président Hénault ; Mˡˡᵉ de Lespinasse, inquiétante, mordante, ennuyée, et d'Alembert, qui suit son sillage ; la duchesse de Choiseul, la jeune grand-maman, l'une des plus belles figures du siècle, et le savant archéologue et numismate Barthélemy, son chevalier fidèle et servant jusque dans l'exil de Chanteloup.

Quittant les salons et les « bureaux d'esprit », nous avons retrouvé Buffon sur sa terre de Montbard, dans sa tour, dans sa forge, dans ses vastes jardins, et nous avons laissé ce savant à ses observations et à ses belles hypothèses pour nous attacher à un aventurier de génie qui a laissé au monde ces chefs-d'œuvre de jeunesse et de gaieté : *le Barbier de Séville* et *le Mariage de Figaro.* Avec Ducis, nous n'avons pas quitté le théâtre : quel amour de l'indépendance avons-nous trouvé dans ce caractère si noble, si attachant !

Il était lié d'amitié avec Bernardin de Saint-Pierre, à qui nous avons demandé d'introduire l'exotisme et les voyages. Observateur sagace et aussi peintre admirable, l'auteur de *Paul et Virginie* nous a conduits à ces deux autres disciples de Rousseau : Mme Roland et Mirabeau. Avec eux, le rideau tombe sur ce siècle si fertile en découvertes de toutes sortes, si léger et si perspicace, si amoureux de la vie sociale et si passionné parfois de solitude, si humain et si cruel, si gai et si ennuyé !

Intérêt de la correspondance. — Nous avons choisi, parmi tant d'autres, trente-cinq lettres, qui nous révèlent sans doute des personnalités originales, mais qui, surtout, sont un témoignage sur le siècle. Elles sont, littérairement, de valeur inégale, mais toutes apportent leur part à la connaissance du temps. L'histoire apparaît çà et là, entre deux boutades ou deux médisances mondaines. L'insatisfaction des cœurs s'étale parfois avec une impudeur qui nous émeut. Là, c'est un savant qui travaille, là, un voyageur qui passe la ligne, là, une femme spirituelle qui vieillit dans les tourments, là, une prisonnière qui attend la mort avec la fermeté des héros de son Plutarque. Spectacle varié, que chacun déroule devant nous avec son humeur, avec son style, avec ses enthousiasmes. Comme on comprend mieux les grandes œuvres et les grands événements quand les lettres de personnages si divers nous ont entraînés dans le courant puissant de la vie !

BIBLIOGRAPHIE DES CORRESPONDANCES CITÉES

VAUVENARGUES : *Œuvres*, publiées par Gilbert (1857, 2 vol. *in-8°*).

Mme DE STAAL : *Lettres*, publiées dans *les Œuvres* (Paris, 1821, 2 vol. *in-8°*).

Mme DU DEFFAND : *Correspondance complète*, publiée par de Lescure (1865, 2 vol. *in-8°*); *Correspondance inédite* (avec la duchesse de Choiseul), publiée par le marquis de Saint-Aulaire (1859, 2 vol. *in-8°*); *Lettres à Walpole*, première édition complète, publiée par Mrs. Paget Toynbee (Londres, 1912, 3 vol. *in-8°*).

PRÉSIDENT HÉNAULT : *Lettres*, publiées dans la *Correspondance* de Mme Du Deffand.

Mlle DE LESPINASSE : *Lettres*, publiées par Mme de Guibert (1809, 2 vol. *in-8°*); *Correspondance entre Mlle de Lespinasse et le comte de Guibert*, publiée par le comte de Villeneuve-Guibert (1906, *in-8°*).

D'ALEMBERT : *Lettres*, publiées dans le tome V des *Œuvres littéraires* (1821), les tomes IX et X de la *Correspondance* de Frédéric II, et dans la *Correspondance* de Mme Du Deffand (éd. de Lescure, tome I).

ABBÉ BARTHÉLEMY : *Lettres*, publiées dans la *Correspondance* de Mme Du Deffand (éd. de Saint-Aulaire et éd. de Lescure).

DUCHESSE DE CHOISEUL : *Lettres*, publiées dans la *Correspondance* de Mme Du Deffand (éd. Saint-Aulaire) et dans les *Lettres* de Mme Du Châtelet (éd. Jovez).

BUFFON : *Correspondance inédite de Buffon*, publiée par Henri Nadault de Buffon, son arrière-petit-neveu (Hachette, 1860, 2 vol. *in-8°*).

BEAUMARCHAIS : *Lettres*, dans les *Œuvres complètes* (Furne, 1835, gr. *in-8°*); dans *Beaumarchais et son temps* de M. de Loménie (1856, 2 vol. *in-8°*), complété par Lintilhac; dans les *Lettres de jeunesse*, éditées par Louis Thomas (1923); dans les *Lettres inédites*, publiées par Gilbert Chinard (Paris, Librairie historique, et Baltimore, Maryland, The Johns Hopkins Press, 1929).

BERNARDIN DE SAINT-PIERRE : *Correspondance*, publiée par Aimé Martin (1826, 4 vol. *in-8°*).

Ducis : *Lettres*, publiées dans les *Œuvres posthumes* (Paris, 1827, 2e partie) et dans la *Correspondance* de Bernardin de Saint-Pierre.

Mme Roland : *Correspondance*, publiée par Cl. Perroud (1900-1901 et 1913).

Mirabeau : *Correspondance de Mirabeau et du comte de La Mark* (Paris, 1834, 3 vol. *in-8°*); *avec Cerutti* (1790, *in-8°*); *avec Chamfort* (1796, *in-8°*); *avec un de ses amis d'Allemagne* (1792, *in-8°*); *avec Sophie* (1792, 4 vol. *in-8°*).

———————

VAUVENARGUES

INTRODUCTION

Il existe de Luc de Clapiers, marquis de Vauvenargues (1715-1747), un portrait célèbre, fait par lui-même :
« Clazomène a fait l'expérience de toutes les misères humaines[1]. Les maladies l'ont assiégé dès son enfance, et l'ont sevré, dans son printemps, de tous les plaisirs de la jeunesse[2]. Né pour des chagrins plus secrets, il a eu de la hauteur et de l'ambition[3] dans la pauvreté; il s'est vu, dans ses disgrâces, méconnu de ceux qu'il aimait[4]; l'injure a flétri son courage, et il a été offensé de ceux dont il ne pouvait prendre de vengeance. Ses talents, son travail continuel, son application à bien faire, son attachement à ses amis, n'ont pu flétrir la dureté de sa fortune[5]. Sa sagesse même n'a pu le garantir de commettre des fautes irréparables; il a souffert le mal qu'il ne méritait pas et celui que son imprudence lui a attiré. Quand la fortune a paru se lasser de le poursuivre, quand l'espérance trop lente commençait à flatter sa peine, la mort s'est offerte à sa vue; elle l'a surpris dans le plus grand désordre de sa fortune : il a eu la douleur amère de ne pas laisser assez de bien pour payer ses dettes et n'a pu sauver sa vertu de cette tache. Si l'on cherche quelque raison d'une destinée si cruelle, on aura, je crois, de la peine à en trouver. Faut-il demander la raison pourquoi des joueurs très habiles se ruinent au jeu, pendant que d'autres hommes y font leur fortune? ou pourquoi l'on voit des années qui n'ont ni printemps ni automne, où les fruits de l'année sèchent dans leur fleur? Toutefois qu'on ne pense pas que Clazomène eût voulu changer sa misère pour la prospérité des hommes faibles : la fortune peut se jouer de la sagesse des gens courageux; mais il ne lui appartient pas de fléchir leur courage. »

Dans ses *Conseils à un jeune homme*, il a écrit : « Laissez croire à ceux qui le veulent croire que l'on est misérable dans les embarras

---

1. On trouve cependant dans son œuvre une foi raisonnée dans la générosité de notre nature; 2. Il prit part à la rude retraite de Prague à Egra (1742), où il a enduré des souffrances qui ont achevé de ruiner sa santé délicate. La petite vérole le défigure, le rend à demi aveugle, rouvre ses plaies, et lui interdit la carrière diplomatique à laquelle il aspirait quand il eut démissionné de l'armée (1743); 3. *Ambition* de la gloire des armes, puis de celle que confèrent les lettres; 4. Allusion aux déboires de sa vie militaire et à la déception éprouvée quand il sollicitait un poste dans la diplomatie; 5. Il écrivait, trois ans avant sa mort, au ministre des Affaires étrangères, Amelot : « Je suis pénétré, Monseigneur, qu'une confiance que j'avais principalement fondée sur l'amour de mon devoir se trouve entièrement déçue. »

des grands desseins. C'est dans l'oisiveté et la petitesse que la vertu souffre, lorsqu'une prudence timide l'empêche de prendre l'essor et la fait ramper dans ses liens; mais le malheur même a ses charmes dans les grandes extrémités; car cette opposition de la fortune élève un esprit courageux et lui fait ramasser toutes ses forces qu'il n'employait pas. »

LETTRE I

AU MARQUIS DE MIRABEAU[1]

A Verdun[2], le 22 mars 1740.

[...] Il faut commencer, je crois, par lui [au chevalier Louis-Alexandre, frère du marquis] donner le goût de lire, et ne lui mettre dans les mains que des livres qui ont de l'intérêt; par exemple, j'aurais voulu lui donner les *Vies* de Plutarque, mais elles ne sont point ici[3]. C'est une lecture touchante, j'en étais fou à son âge; le génie et la vertu ne sont nulle part mieux peints; l'on y peut prendre une teinture de l'histoire de la Grèce, et même de celle de Rome. L'on ne mesure bien, d'ailleurs, la force et l'étendue de l'esprit et du cœur humains que dans ces siècles fortunés; la liberté découvre, jusque dans l'excès du crime, la vraie grandeur de notre âme; là, la force de la nature brille au sein de la corruption; là, paraît la vertu sans bornes, les plaisirs sans infamie, l'esprit sans affectation, la hauteur sans vanité, les vices sans bassesse, et sans déguisement[4]. Pour moi je pleurais de joie, lorsque je lisais ces *Vies ;* je ne passais point de nuit sans parler à Alcibiade, Agésilas et autres; j'allais dans la place de Rome pour haranguer avec les Gracques, et pour défendre Caton, quand on lui jetait des pierres. [...]

1. Compatriote et du même âge que Vauvenargues, il fut le père de l'orateur de la Révolution; 2. Vauvenargues, capitaine au régiment du roi, tenait garnison en cette ville; 3. Le chevalier était entré depuis trois ans dans le régiment du roi; 4. Vauvenargues écrivait quelques jours avant au marquis de Mirabeau : « Un homme haut et ardent, inflexible dans le malheur, facile dans le commerce, extrême dans ses passions, humain par-dessus toutes choses, avec une liberté sans bornes dans l'esprit et dans le cœur, me plaît par-dessus tout; j'y joins par réflexion, un esprit souple et flexible, et la force de se vaincre quand cela est nécessaire; car il ne dépend pas de nous d'être paisible et modéré, de n'être pas violent, de n'être pas extrême. »

Lettre II

[En avril 1743, Vauvenargues avait écrit à Voltaire une lettre sur
Corneille et Racine où il se montrait extrêmement violent contre
l'auteur du *Cid* : « Corneille n'avait point de goût, parce que le bon
goût n'étant qu'un sentiment vif et fidèle de la belle nature, ceux qui
n'ont pas un esprit naturel ne peuvent l'avoir que mauvais; aussi
l'a-t-il fait paraître non seulement dans ses ouvrages, mais encore
dans le choix de ses modèles, ayant préféré les Latins et l'enflure
des Espagnols aux divins génies de la Grèce. » Voltaire, qui préférait
Racine, lui répondit le 15 une lettre pleine de vues équitables.]

A VOLTAIRE

Nancy, ce 22 avril 1743.

Je suis au désespoir que vous me forciez à respecter
Corneille[1]. Je relirai les morceaux que vous me citez[2]; et
si je n'y trouve pas tout le sublime que vous y sentez, je ne
parlerai de ma vie de ce grand homme, afin de lui rendre
au moins par mon silence l'hommage que je lui dérobe par
mon faible goût. Permettez-moi cependant, Monsieur, de
vous répondre sur ce que vous le comparez à Archimède,
qu'il y a bien de la différence entre un philosophe qui a
posé les premiers fondements de vérités géométriques, sans
avoir d'autre modèle que la nature et son profond génie,
et un homme qui, sachant les langues mortes, n'a pas même
fait passer dans la sienne toute la perfection des maîtres
qu'il a imités[3]. Ce n'est pas créer, ce me semble, que de
travailler avec des modèles, quoique dans une langue différente, quand on ne les égale pas. Newton, dont vous parlez,
Monsieur, a été guidé, je l'avoue, par Archimède et par
ceux qui ont suivi Archimède; mais il a surpassé ses guides;
partant, il est inventeur. Il faudrait donc que Corneille
eût aussi surpassé ses maîtres pour être au niveau de Newton,
bien loin d'être au-dessus de lui. Ce n'est pas que je lui

1. Voltaire écrivait : « Je suis persuadé que ce même goût qui vous a fait
sentir si bien la supériorité de l'art de Racine, vous fait admirer le génie de
Corneille, qui a créé la tragédie dans un siècle barbare »; 2. *Horace*, II, III; *le
Cid*, III, VI et V, 1; une grande partie de *Cinna* ; le rôle de Sévère, presque tout
celui de Pauline; la moitié du dernier acte de *Rodogune* ; 3. Voltaire écrivait :
« Les inventeurs ont le premier rang, à juste titre, dans la mémoire des hommes.
Newton en savait assurément plus qu'Archimède; cependant les *Equipondérants*
d'Archimède seront à jamais un ouvrage admirable. »

refuse d'avoir des beautés originales : je le crois; mais
Racine a le même avantage. Qui ressemble moins à Corneille
que Racine? Qui a suivi une route, je ne dis pas plus différente, mais plus opposée? Qui est plus original que lui?
En vérité, Monsieur, si l'on peut dire que Corneille a créé
le théâtre, doit-on refuser à Racine la même louange? Ne
vous semble-t-il pas même, Monsieur, que Racine, Pascal,
Bossuet et quelques autres ont créé la langue française?
Mais si Corneille et Racine ne peuvent prétendre à la gloire
des premiers inventeurs, et qu'ils aient eu l'un et l'autre
des maîtres, lequel les a mieux imités?

Que vous dirai-je, après cela, Monsieur, sur les louanges
que vous me donnez? S'il était convenable d'y répondre
par des admirations sincères, je le ferais de tout mon cœur;
mais la gloire d'un homme comme vous est à n'être plus
loué et à dispenser les éloges. J'attends avec toute l'impa-
tience imaginable le présent dont vous m'honorez[1]. Vous
croyez bien, Monsieur, que ce n'est pas pour connaître
davantage vos ouvrages. Je les porte toujours avec moi;
mais de les avoir de votre main et de les recevoir comme une
marque de votre estime, c'est une joie, Monsieur, que je
ne contiens point, et que je ne puis m'empêcher de répandre
sur le papier. Il faut que vous voyiez, Monsieur, toute la
vanité qu'elle m'inspire. Je joins ici un petit discours que
j'ai fait depuis votre lettre[2], et je vous l'envoie avec la même
confiance que j'enverrais à un autre *la Mort de César*[3] ou
Athalie. Je souhaite beaucoup, Monsieur, que vous en
soyez content : pour moi je serai charmé si vous le trouvez
digne de votre critique, ou que vous m'estimiez assez pour
me dire qu'il ne la mérite pas, supposé qu'il en soit indigne.
Ce sera alors, Monsieur, que je me permettrai d'espérer
votre amitié. En attendant, je vous offre la mienne de tout
mon cœur, et suis avec passion,

Monsieur,

Votre très humble et très obéissant serviteur,

Vauvenargues.

P.-S. — Quoique ce paquet soit déjà assez considérable et

---

1. Voltaire lui avait écrit : « J'ai pris la liberté de remettre au coche de
Nancy un exemplaire que j'ai trouvé d'une des moins mauvaises éditions de
mes faibles ouvrages »; 2. L'*Éloge funèbre d'Hippolyte* de *Seytres*, achevé au
début de 1743 et souvent remanié et corrigé par l'auteur; 3. De Voltaire.

qu'il soit ridicule de vous envoyer un volume par la poste,
j'espère cependant, Monsieur, que vous ne trouverez pas
mauvais que j'y joigne encore un petit fragment. Vous
avez répondu à ce que j'ai eu l'honneur de vous écrire de
deux grands poètes, d'une manière si obligeante et si
instructive qu'il m'est permis d'espérer que vous ne me
refuserez pas les mêmes lumières sur trois orateurs si
célèbres[1].

1. Pascal, Bossuet, Fénelon. On y lit : « Qui n'admire la majesté, la pompe,
la magnificence, l'enthousiasme de Bossuet, et la vaste étendue de ce génie
impétueux, fécond, sublime ? [...] Qui conçoit sans étonnement la profondeur
incroyable de Pascal, son raisonnement invincible, sa mémoire surnaturelle, sa
connaissance universelle et prématurée ? [...] Mais toi qui les as surpassés en
aménités et en grâces, ombre illustre, aimable génie ; toi qui fis régner la vertu
par l'onction et par la douceur, pourrais-je oublier la noblesse et le charme de
tes paroles, lorsqu'il est question d'éloquence ? »

MADAME DE STAAL

INTRODUCTION

Fille d'un pauvre peintre nommé Cordier, qui dut s'exiler et mourut en Angleterre, Marguerite-Jeanne Cordier de Launay, baronne de Staal (1684-1750), fut élevée par sa mère, qui reprit son nom de Launay. Elle fut élevée à l'abbaye de Saint-Sauveur d'Évreux. Elle reçut une éducation brillante et fort libre. Elle devint dans la suite femme de chambre de la duchesse du Maine et ressentit vivement les dédains qui lui furent prodigués dans sa nouvelle situation. Puis, à la suite d'une lettre qu'elle avait écrite à Fontenelle — lettre qui eut un grand succès et fut mise sous les yeux de la duchesse —, elle fut en grande faveur à Sceaux. Après la découverte de la conspiration de Cellamare, elle fut enfermée deux ans à la Bastille. En 1735, elle épousa M. de Staal, officier des gardes suisses, dont le duc du Maine était colonel général. En 1755 paraissaient ses *Mémoires*. (En 1801, on publia le *Recueil des lettres de M*^{lle} *de Launay à MM. de Mesnil, de Silly, d'Héricourt* [2 vol. in-12]; vingt-deux *Lettres* dans la correspondance de Mme Du Deffand. Toutes ces œuvres ont été reproduites dans l'édition de Paris [1821, 2 vol. in-8°].)

LETTRE III

A MADAME LA MARQUISE DU DEFFAND

Sorel[1], samedi 20 juillet 1747.

Je lus avant-hier votre lettre, ma reine, à Son Altesse[2]. Elle était dans un accès de frayeur du tonnerre, qui ne fit pas valoir vos galanteries[3]. J'aurai soin une autre fois de ne vous pas exposer à l'orage. Nous nagions ces jours passés dans la joie, nous nageons à présent dans la pluie. Nos idées, devenues douces et agréables, vont reprendre toute leur noirceur. Par-dessus cela est arrivé, depuis deux jours, à notre princesse, un rhume avec de la fièvre : ce nonobstant et malgré le temps diabolique, la promenade va toujours

1. Aux environs d'Anet, sur une hauteur qui domine l'Eure; 2. La duchesse du Maine; 3. *Galanteries* : amabilités, gentillesses.

son train. Il semble que la Providence prenne soin de
construire pour les princes des corps à l'usage de leurs
fantaisies, sans quoi ils ne pourraient attraper l'âge d'homme.
Je suis réduite, comme vous voyez, ma reine, à vous entretenir du beau temps et de la pluie; mais que faire de tout
ce que nous avons ici? Une Ribérac, trois Castellane,
deux Caderousse, deux Malezieux, un Villeneuve et sa
femme, puis les gens de la maison[1]. Vous tireriez peut-être
quelque chose de tout cela! pour moi les bras me tombent,
et je ne trouve rien à ramasser. Je fis pourtant, ces jours
passés, une promenade avec Gruchet, qui me dit grossière-
ment des choses assez fines : cela me fit remarquer combien
les moins clairvoyants pénètrent avant dans le caractère
de leurs maîtres.

Nous avons appris avant-hier la mort du chevalier de
Belle-Isle[2]. J'ai peur que cet accident ne soit fort nuisible
aux affaires d'Italie. Je ne sais ce que sera le maréchal[3]
sans son frère. Je suis ravie que le neveu du président[4]
soit sauvé : je le regarde comme tel, puisqu'on a trouvé la
balle. Parlez-lui de moi et à M. de Cereste[5] le plus souvent
que vous pourrez. J'aime à être en bonne compagnie : c'est
une façon de m'y mettre.

Qu'est-ce qui retarde votre voyage de Montmorency? Je
me flatte que cela n'a pas rapport à votre santé dont vous ne
dites rien. Si vous trouvez l'occasion, lorsque vous y serez,
de dire aux Du Châtel[6] combien j'ai été touchée de leur
malheur, vous me ferez plaisir. Je me proposais de tâcher
de les voir dans mon voyage manqué de Gennevilliers.

Mme de Saint-Maur est fort aise que vous vous souveniez
d'elle : elle vous dit cent choses, toutes mieux les unes que
les autres. Elle prospère toujours au cavagnole[7]; mais sa
faveur est en raison inverse de son gain.

1. Les personnages ne sont pas autrement connus. Un *Malézieux*, mort
depuis vingt ans, avait été précepteur du duc du Maine et organisateur des
plaisirs de Sceaux. Il s'agit peut-être de membres de sa famille; 2. Tué le
19 juillet à l'attaque d'un retranchement piémontais (guerre de la Succession
d'Autriche); 3. Qui avait exécuté la retraite d'Egra, du 17 au 25 décembre 1742
(cf. p. 9, note 2); 4. Le président Hénault; 5. Voir *Lettre* citée du président
Hénault (p. 27); 6. *Le marquis Du Châtel* : fils de M. Crozat; le président
Hénault fait de lui un grand éloge : spirituel, mais un peu « métaphysicien »,
la « bonté même »; 7. *Cavagnole* : jeu.

On croirait que le jeu console;
Mais l'ennui vient à pas comptés,
A la table d'un cavagnole
S'asseoir entre deux majestés. (Voltaire.)

En dépit d'un troisième orage plus violent que les deux précédents, nous arrivons d'une chasse : nous avons essuyé la bordée au beau milieu de la forêt. J'espérais éviter, comme à l'ordinaire, cette belle partie; mais on a adroitement tiré parti des raisons que j'avais alléguées pour m'en dispenser; ce qui m'a mise hors d'état de reculer. C'est dommage qu'un art si ingénieux soit employé à désoler les gens.

———————

MADAME DU DEFFAND

INTRODUCTION

Marie de Vichy-Chamrond (1697-1780) naquit sans doute, en 1697, au château de Chamrond, non loin de Charolles, et fut élevée chez les bénédictines du couvent de la Madeleine-du-Traisnel, rue de Charonne, à Paris. En 1718, elle épousa M. de la Lande, marquis Du Deffand, fils d'une cousine de sa mère, lieutenant général de l'Orléanais. « Dans le mariage de Mlle de Chamrond, fille d'une sœur de Mme de Luynes et petite-fille du premier président Brulart, avec M. de la Lande, petit-fils d'une sœur du même premier président Brulart, devaient se rejoindre pour ainsi dire les deux branches de la même race. » (De Lescure[1].)

Par sa famille et celle de son mari, la marquise Du Deffand se trouvait riche d'alliances qui lui assuraient un rang à la cour, si, par ailleurs, sa fortune était assez médiocre. Mais elle était jolie, intelligente, fort spirituelle : elle plut au Régent et à son entourage, mena une vie peu exemplaire, fut renvoyée en 1722 par son mari, et, après une brève période de réconciliation, vint vivre à Sceaux auprès de la duchesse du Maine et se lia avec le président Hénault, ami de d'Argenson, ami de Voltaire, homme d'esprit et de goût, membre de l'Académie française. Elle devait rester à Sceaux jusqu'en 1753[2], très entourée, très admirée : un cercle se forme autour d'elle, où, avec le président Hénault, se groupent M. de Formont, un magistrat lettré, Pont-de-Veyle, Mme de Vintimille, Mme de Rochefort, Mme Du Châtelet, d'Argenson, Montesquieu, d'Alembert, les Choiseul, les Broglie, et tant d'autres ! Et aussi Voltaire, qui, en 1734, sollicita les bons offices de Mme Du Deffand à propos des *Lettres philosophiques*, dont elle devait atténuer l'effet. En 1750 mouraient, à un jour d'intervalle, M. Du Deffand et Mme de Staal, amie très chère de la marquise.

En 1753, Mme Du Deffand vient s'installer à Paris, au couvent de Saint-Joseph[3]; son salon devint vite célèbre. D'Alembert et Voltaire furent à peu près les seuls écrivains qui y furent admis : tous les autres familiers appartenaient à l'aristocratie de robe ou d'épée, à la diplomatie, ou étaient de riches étrangers. En 1754, Mme Du Deffand devint aveugle : c'est alors qu'elle fit venir auprès d'elle Mlle de Lespinasse pour en faire sa dame de compagnie.

---

1. *Correspondance complète de la marquise Du Deffand*, t. I, p. XVIII; **2.** Date de la mort de la duchesse du Maine; **3.** Rue Saint-Dominique. Le ministère de la Guerre en occupe l'emplacement.

Née, en 1732, de Mᵐᵉ d'Albon et de père inconnu, Mˡˡᵉ de Lespinasse fut très jeune placée au couvent. Sa mère la prit ensuite
près d'elle et lui légua en mourant une petite rente. Elle fut ensuite
demoiselle de compagnie chez la fille légitime de Mᵐᵉ d'Albon,
Mᵐᵉ de Vichy. Mᵐᵉ Du Deffand, aveugle, la demanda à Mᵐᵉ de
Vichy, sa belle-sœur, et fit appuyer sa requête par la duchesse
de Luynes. Mˡˡᵉ de Lespinasse resta chez elle une dizaine d'années.
Elle était intelligente et séduisante. Les amis de Mᵐᵉ Du Deffand
prirent l'habitude de se réunir chez la dame de compagnie avant
de pénétrer dans le salon de la marquise, qui, informée, en conçut
une vive irritation. Ce fut la rupture. Mˡˡᵉ de Lespinasse entraîna
avec elle presque tous les amis de Mᵐᵉ Du Deffand, et spécialement
d'Alembert. Quand, le 22 mai 1776, Mˡˡᵉ de Lespinasse mourut,
la vieille marquise écrivit : « Mˡˡᵉ de Lespinasse est morte cette
nuit à deux heures après minuit; ç'aurait été pour moi autrefois
un événement; aujourd'hui ce n'est rien du tout. »

Une autre épreuve attendait Mᵐᵉ Du Deffand : son affection
pour Horace Walpole, homme politique, écrivain, critique d'art,
beaucoup plus jeune qu'elle, et qui, peu soucieux de passer pour
le tendre objet de l'amour d'une vieille femme, ne lui ménagea
pas les plus dures remontrances. Mᵐᵉ Du Deffand souffrit de ce ton
dédaigneux et parfois outrageant; elle se replia sur elle-même, et
l'ennui s'empara d'elle en même temps qu'une défiance ironique et
douloureuse à l'égard des hommes se manifestait dans ses lettres.
Elle mourut au mois de septembre 1780, laissant à Walpole ses
papiers et son chien.

Parmi les nombreuses lettres que nous avons de Mᵐᵉ Du Deffand,
il est difficile de faire un choix. Entre le 2 juillet 1742, date de la
première, et le 22 août 1780, date de la dernière, adressée à Horace
Walpole, toute une fin de vie s'inscrit, avec ses drames, ses espoirs,
ses déceptions, ses tristesses et ses ennuis. Nous avons cru devoir
nous limiter à deux lettres écrites à Mˡˡᵉ de Lespinasse, deux à
Voltaire, une à Walpole. Ces trois noms intéressent surtout l'histoire de l'esprit et du cœur de cette femme intelligente, si apte à
connaître la souffrance et l'angoisse de la solitude morale, au milieu
même de la plus brillante société.

Si l'on considère seulement la valeur littéraire de la correspondance de Mᵐᵉ Du Deffand, on sera frappé par la clarté et la
netteté de son style; on relèvera çà et là des expressions hardies ou
familières; on pensera parfois à Voltaire, parfois à Montaigne,
parfois à Mᵐᵉ de Sévigné. L'ironie est tantôt cruelle, tantôt
souriante. Parce qu'elle a beaucoup d'esprit, Mᵐᵉ Du Deffand,
bien que ne parlant guère que d'elle-même, attache et retient son
lecteur, tant est forte sa personnalité et sincère l'expression de
ses sentiments ou de ses souffrances.

LETTRE IV

A MADEMOISELLE DE LESPINASSE

13 février 1754[1].

[...] Vous m'écrivez dans votre dernière lettre les choses les plus tendres et les plus flatteuses, mais vous ressouvenez-vous qu'il y a deux ou trois mois que vous ne pensiez pas de même? et que vous m'avouâtes que vous étiez effrayée de l'ennui[2] que je vous faisais prévoir, et que, quoique vous y fussiez accoutumée, il vous deviendrait plus insupportable au milieu du grand monde qu'il ne vous l'était dans votre retraite[3]; que vous tomberiez alors dans un découragement qui vous rendrait insupportable, m'inspirerait du dégoût et du repentir? C'étaient vos expressions, et c'est apparemment cette faute que vous voulez que je vous pardonne, et que vous me priez d'oublier; mais, ma reine, ce n'est point une faute de dire sa pensée et d'expliquer ses dispositions, c'est au contraire tout ce qu'on peut faire de mieux; aussi, bien loin de vous en faire des reproches, je vous mandai que je vous savais bon gré de votre sincérité et que quoiqu'elle me fît abandonner mes projets, je ne vous en aimerais pas moins tendrement; je vous répète aujourd'hui la même chose; réfléchissez sur le parti que vous prendrez. Je vous ai déjà dit la vie que vous mèneriez avec moi, je vais vous le répéter encore, pour que vous ne puissiez pas être dans la moindre erreur. [...] Il y a un second article[4] sur lequel il faut que je m'explique avec vous, c'est que le moindre

---

1. *Lettre 104* dans l'édition de la *Correspondance complète de la marquise Du Deffand,* par de Lescure, Paris, Plon, 1865; **2.** Mme Du Deffand a souffert toute sa vie de ce mal terrible qu'est l'ennui : le 26 mai 1765, dans une lettre à la duchesse de Choiseul, elle écrit : « Vous ne vous ennuyez donc point, chère grand-maman? et je le crois, puisque vous le dites. Votre vie n'est point occupée, mais elle est remplie *(c'étaient les termes mêmes employés par la duchesse de Choiseul).* Permettez-moi de vous dire ce que je pense : c'est que si elle n'était pas occupée, elle ne serait pas remplie. Vous avez bien de l'expérience, mais il vous en manque une que j'espère que vous n'aurez jamais : c'est la privation du sentiment, avec la douleur de ne s'en pouvoir passer »; **3.** Elle vivait dans un couvent à Lyon; **4.** Le premier était : « Il faut que l'on connaisse votre mérite et vos agréments avant toute autre chose. C'est à quoi vous parviendrez aisément, aidée de mes soins et de ceux de mes amis. »

artifice, et même le plus petit art[1] que vous mettriez dans votre conduite avec moi me serait insupportable. Je suis naturellement défiante et tous ceux en qui je crois de la finesse[2] me deviennent suspects au point de ne pouvoir plus prendre aucune confiance en eux. J'ai deux amis intimes, qui sont Formont[3] et d'Alembert; je les aime passionnément, moins par leur agrément, que par leur amitié pour moi, que par leur extrême vérité. Je pourrais y ajouter Devreux[4], parce que le vrai mérite rend tout égal, et que je fais par cette raison plus de cas d'elle que de tous les potentats de l'univers. Il faut donc, ma reine, vous résoudre à vivre avec moi avec la plus grande vérité et sincérité, ne jamais user d'insinuation, ni d'exagération, en un mot, ne point vous écarter[5], et ne jamais perdre un des plus grands agréments de la jeunesse, qui est la naïveté[6]. Vous avez beaucoup d'esprit, vous avez de la gaieté, vous êtes capable de sentiments[7]; avec toutes ces qualités vous serez charmante, tant que vous vous laisserez aller à votre naturel et que vous serez sans prétention et sans entortillage.

Je ne doute point de votre désintéressement, et c'est une raison de plus pour moi de faire pour vous tout ce qui sera en mon pouvoir. [...] Vous me trouverez bien épilogueuse[8], mais je vous jure que je ne le suis sur rien, excepté sur ce qui altère la sincérité; mais sur cet article, je suis sans miséricorde. Adieu, ma reine; vous pouvez montrer cette lettre à notre ami[9]. Je ne lui cache rien de ce que je pense.

LETTRE V

[Cette lettre répond au billet suivant envoyé la veille par Mlle de Lespinasse : « Vous m'avez fixé un terme, Madame, pour avoir l'honneur de vous voir : ce terme me paraît bien long, et je serais

1. La Bruyère rapproche lui aussi les deux mots : « Deux sortes de gens fleurissent dans les cours..., les libertins et les hypocrites : ceux-là... sans art et sans dissimulation; ceux-ci finement par des artifices, par la cabale » (*les Caractères*, XVI, 26); 2. *Finesse :* avec le sens péjoratif; 3. *M. de Formont* était conseiller au parlement de Rouen. C'était un lettré, ami de Voltaire et de Cideville, son collègue au parlement, poète aimable et auteur de comédies; 4. Sa femme de chambre; 5. *Vous écarter :* vous égarer; 6. *Naïveté :* naturel. Le *Dictionnaire de l'Académie* (1694) cite comme exemple : « Cet acteur représente les passions avec une grande naïveté »; 7. Cf. p. 19, note 2; 8. Mme Du Deffand vient de reprendre Mlle de Lespinasse, parce que cette dernière, ayant écrit à Devreux une lettre par ailleurs aimable, a multiplié les « Mademoiselle » annulant ainsi le bon effet de son épître; 9. Peut-être le cardinal de Tencin.

bien heureuse si vous vouliez l'abréger : je n'ai rien de plus à cœur
que de mériter vos bontés; daignez me les accorder et m'en donner
la preuve la plus chère, en m'accordant la permission de vous aller
renouveler moi-même l'assurance d'un respect et d'un attachement
qui ne finiront qu'avec ma vie, et avec lesquels j'ai l'honneur d'être,
Madame, votre très humble et très obéissante servante. »]

A MADEMOISELLE DE LESPINASSE

Mercredi, 9 mai 1764.

Je ne puis consentir à vous revoir sitôt, Mademoiselle;
la conversation que j'ai eue avec vous, et qui a déterminé
notre séparation, m'est dans le moment encore trop présente.
Je ne saurais croire que ce soient des sentiments d'amitié
qui vous fassent désirer de me voir, il est impossible d'aimer
ceux dont on sait qu'on est détesté, abhorré, etc., par qui
l'amour-propre est sans cesse humilié, écrasé, etc., ce sont
vos propres expressions, et la suite[1] des impressions[2] que
vous receviez depuis longtemps de ceux que vous dites
être vos véritables amis; ils peuvent l'être en effet, et je
souhaite de tout mon cœur qu'ils vous procurent tous les
avantages que vous en attendez; agrément, fortune, considération, etc. Que feriez-vous de moi, aujourd'hui, de quelle
utilité pourrais-je vous être? Ma présence ne vous serait
point agréable, elle ne servirait qu'à vous rappeler les
premiers temps de notre connaissance, les années qui l'ont
suivie, et tout cela n'est bon qu'à oublier. Cependant, si
par la suite vous veniez à vous en souvenir avec plaisir,
et que ce souvenir produisît en vous quelque remords,
quelque regret, je ne me pique point[3] d'une fermeté austère
et sauvage, je ne suis point insensible, je démêle assez bien
la vérité; un retour[4] sincère pourrait me toucher et réveiller
en moi le goût et la tendresse que j'ai eus pour vous; mais
en attendant, Mademoiselle, restons comme nous sommes,
et contentez-vous des souhaits que je fais pour votre bonheur.

1. *Suite* : conséquence; 2. *Impression* : empreinte agissante, inspiration,
entraînement; 3. C'est-à-dire : je ne me flatte point de... Malgré Vaugelas, qui
le condamne formellement, le terme connaît une belle fortune. Cf. La Rochefoucauld, *Maxime 203* : « Le vrai honnête homme est celui qui ne se pique de
rien »; 4. *Retour* : repentir. Ainsi Molière, *Tartuffe*, v. 131 : « Ce sont là les
retours des coquettes du temps. »

LETTRE VI

[Voltaire avait écrit de Ferney le 1er juillet 1764 à Mme Du Deffand : « [...] J'aime mieux vous parler de Corneille que de Rousseau ; j'avoue encore que j'aime mille fois mieux Racine. Faites-vous relire les pièces de ce dernier, si vous ne les savez pas par cœur, et vous verrez si après avoir entendu dix vers, vous n'avez pas une forte passion de continuer. Dites-moi au contraire si le dégoût ne vous saisit pas à tout moment quand on vous lit Corneille. Trouvez-vous chez lui des personnages qui soient dans la nature, excepté Rodrigue et Chimène, qui ne sont pas de lui ? Cette Cornélie, tant vantée autrefois, n'est-elle pas en cent endroits une diseuse de galimatias, et une faiseuse de rodomontades ? Il y a des vers heureux dans Corneille, des vers pleins de force, tels que Rotrou en faisait avant lui et même plus nerveux que ceux de Rotrou ; il y a du raisonner, mais, en vérité, il y a bien rarement de la pitié et de la terreur, qui sont l'âme de la vraie tragédie. Enfin, quelle foule de mauvais vers, d'expressions ridicules et basses, de pensées alambiquées et retournées, comme vous dites, en trois ou quatre façons également mauvaises. Corneille a des éclairs dans une nuit profonde, et ces éclairs furent un beau jour pour une nation composée alors de petits-maîtres grossiers, et de pédants plus grossiers encore qui voulaient sortir de la barbarie [...] Racine m'enchante et Corneille m'ennuie. »]

A MONSIEUR DE VOLTAIRE

Paris, 18 juillet 1764[1].

Vous vous trouvez peut-être fort bien de l'interruption de notre correspondance ; mais ne m'en faites jamais l'aveu, je vous prie. Je n'ai point de plus sensible plaisir que de recevoir de vos lettres ni d'occupations plus agréables que d'y répondre ; je sais bien que le marché n'est point égal entre nous, mais qu'est-ce que cela fait ? ce n'est point à vous de compter ric à ric.

Je vous en demande très humblement pardon, mais je vous trouve un peu injuste sur Corneille. Je conviens de tous les défauts que vous lui reprochez, excepté quand vous dites qu'il ne peint jamais la nature. Convenez du moins qu'il la peint suivant ce que l'éducation et les mœurs du pays peuvent l'embellir ou la défigurer[2], et qu'il n'y a point

---

1. *Lettre 177* de l'édition de Lescure ; 2. Observation intéressante et inspirée à Mme Du Deffand par son goût de la vérité.

dans ses personnages l'uniformité qu'on trouve dans presque toutes les pièces de Racine. Cornélie[1] est plus grande que nature, j'en conviens, mais telles étaient les Romaines[2]; et presque toutes les grandes actions des Romains étaient le résultat de sentiments et de raisonnements qui s'éloignaient du vrai[3]. Il n'y a peut-être que l'amour qui soit une passion naturelle, et c'est presque la seule que Racine ait peinte et rendue, et presque toujours à la manière française. Son style est enchanteur et continûment admirable. Corneille n'a, comme vous dites, que des éclairs; mais qui enlèvent et qui font que malgré l'énormité de ses défauts[4] on a pour lui du respect et de la vénération. Il faut être bien téméraire pour oser dire si librement son avis. Mais permettez-moi de n'en pas rester là, et souffrez que je vous juge ainsi que ces deux grands hommes. Vous avez la variété de Corneille, l'excellence du goût de Racine, et un style qui vous rend préférable à tous les deux, parce qu'il n'est ni ampoulé, ni sophistiqué, ni monotone; enfin vous êtes pour moi ce qu'était pour l'abbé Pellegrin sa *Péloppée*[5].

Adieu, Monsieur; soyez persuadé que personne n'est à vous aussi parfaitement que moi.

LETTRE VII

A MONSIEUR DE VOLTAIRE

Paris, 14 janvier 1766[6].

Je n'ai ni votre érudition, ni vos lumières[7], mais mes opinions n'en sont pas moins conformes aux vôtres. A la vérité,

---

1. Dans *Pompée* ; 2. Du moins se les représentait-on ainsi; 3. Une connaissance plus approfondie de l'histoire romaine change singulièrement ce point de vue; 4. Dans une lettre à Voltaire du 29 mai 1764, Mme Du Deffand a écrit sur Corneille : « Je suis enchantée de la sublimité de son génie, et dans le plus grand étonnement qu'on puisse être en même temps si dépourvu de goût. Ce ne sont point les choses basses et familières qui me surprennent et qui me choquent, je les attribue au peu de connaissance qu'il avait du monde et de ses usages; mais c'est la manière dont il tourne et retourne la même pensée qui est bien contraire au génie, et qui est presque toujours la marque d'un petit esprit »; 5. Tragédie reçue par les comédiens français le 2 décembre 1731 et représentée pour la première fois le 18 juillet 1733. — *Pellegrin* (1663-1745) composa de nombreuses pièces, parmi lesquelles *Polydore*, tragédie en cinq actes, qui eut un certain succès; *la Mort d'Ulysse, Pélopée, Bajazet*, etc. Il est aussi l'auteur de comédies, de cantiques spirituels composés sur des airs d'opéra. Nous avons gardé l'orthographe «Péloppée» de l'édition de Lescure; 6. *Lettre 193* de l'édition de Lescure; 7. Ce mot a connu au XVIIIe siècle une grande

il ne me paraît pas de la dernière importance que tout le monde pense de même. Il serait fort avantageux que tous ceux qui gouvernent, depuis les rois jusqu'au dernier bailli de village, n'eussent pour principe et pour système que la plus saine morale, elle seule peut rendre les hommes heureux et tolérants. Mais le peuple connaît-il la morale ? J'entends par le peuple le plus grand nombre des hommes. La cour en est pleine ainsi que la ville et les champs. Si vous ôtez à ces sortes de gens leur préjugé, que leur restera-t-il ? C'est leur ressource dans leur malheur (et c'est en quoi je voudrais leur ressembler); c'est leur bride et leur frein dans leur conduite, et c'est ce qui doit faire désirer qu'on ne les éclaire pas; et puis pourrait-on les éclairer ? Toute personne qui parvenue à l'âge de raison n'est pas choquée des absurdités et n'entrevoit pas la vérité ne se laissera jamais instruire ni persuader. Qu'est-ce que la foi ? C'est de croire fermement ce que l'on ne comprend pas. Il faut laisser le don du ciel à qui il l'a accordé. Voilà en gros ce que je pense; si je causais avec vous, je me flatte que vous ne penseriez pas que je préférasse les charlatans aux bons médecins. Je serai toujours ravie de recevoir de vous des instructions et des recettes[1]; donnez-m'en contre l'ennui[2], voilà de quoi j'ai besoin. La recherche de la vérité est pour vous la médecine[3] universelle; elle l'est pour moi aussi, non dans le même sens, qu'elle est pour vous; vous croyez l'avoir trouvée, et moi, je crois qu'elle est introuvable[4]. Vous voulez faire entendre que vous êtes persuadé de certaines opinions que l'on avait avant Moïse, et que lui n'avait point, ou du moins qu'il n'a pas transmises. De ce que des peuples ont eu

---

faveur. Molière l'emploie au singulier au sens d'intelligence (*Princesse d'Elide*, v. 37) : « J'y découvrais un fond d'esprit et de « lumière. » Cette métaphore est à rapprocher de celle que contient le mot « clarté » dans cette phrase célèbre de Molière (*les Femmes savantes*, v. 218) : « Je consens qu'une femme ait des clartés de tout. » Quelques lignes plus loin, Mme Du Deffand emploie métaphoriquement le verbe éclairer.

1. Mme Du Deffand poursuit ses métaphores : il s'agit des prescriptions, des ordonnances des bons médecins, c'est-à-dire des philosophes dignes de ce nom; 2. Mme Du Deffand, dans une lettre à Walpole, a écrit le 7 février 1773 au sujet de l'ennui : « C'est un mal dont on ne peut se délivrer, c'est une maladie de l'âme dont nous afflige la nature en nous donnant l'existence; c'est le ver solitaire qui absorbe tout, et qui fait que rien ne nous profite. Ne renvoyez point à la raison : à quoi est-elle bonne ? »; 3. *La médecine :* le remède; 4. Quelques jours avant, le 28 décembre 1765, Mme Du Deffand écrivait à Voltaire : « Mais, Monsieur de Voltaire, amant déclaré de la vérité, dites-moi de bonne foi, l'avez-vous trouvée ? Vous combattez et détruisez toutes les erreurs; mais que mettez-vous à leur place ? »

cette opinion, en devient-elle plus claire et plus vraisemblable ? Qu'importe qu'elle soit vraie ? Si elle l'était serait-ce
une consolation ? J'en doute fort. Ce n'en serait pas une
du moins pour ceux qui croient qu'il n'y a qu'un malheur,
celui d'être né. [...]

LETTRE VIII

[Walpole avait écrit, peu de temps auparavant, au sujet des *Essais*
de Montaigne : « [...] C'est un vrai radotage de pédant, une rapsodie
de lieux communs... — Son Sénèque et lui se tuent à apprendre
à mourir, — la chose du monde qu'on est le plus sûr de faire sans
l'avoir apprise. » Et Mme Du Deffand lui avait répondu par ces
mots : « Je suis bien sûre que vous vous accoutumerez à Montaigne ;
on y trouve tout ce qu'on a jamais pensé, et nul style n'est aussi
énergique : il n'enseigne rien, parce qu'il ne décide de rien, c'est
l'opposé du dogmatisme : il est vain, et tous les hommes ne le sont-ils
pas ? et ceux qui paraissent modestes ne sont-ils pas doublement
vains ? Le « je » et le « moi » sont à chaque ligne, mais quelles sont
les connaissances qu'on peut avoir, si ce n'est par le « je » et le
« moi » ? Allez, allez, mon tuteur, c'est le seul bon philosophe et le
seul bon métaphysicien qu'il y ait jamais eu. Ce sont des rapsodies,
si vous voulez, des contradictions perpétuelles ; mais il n'établit
aucun système, il cherche, il observe, et reste dans le doute : il n'est
utile à rien, j'en conviens, mais il détache de toute opinion, et détruit
la présomption du savoir. » (27 octobre 1766.)]

A MONSIEUR HORACE WALPOLE

Mardi, 3 février 1767[1], à quatre heures.

[...] Je ne me suis point trompée, et voilà deux lettres ;
une de M. Walpole, l'autre de M. Selwyn[2] : commencez par
celle-ci ; elle est de M. Fitz-Roy[3]. L'autre est-elle bien
longue ? de six pages. Je ne dis mot, je me recueille, et je
suis bien aise ; et puis je suis fâchée de ce que, dans six
pages, mon tuteur ne me dit pas un mot de la santé de
milord Chatham[4] et de ce qui doit s'ensuivre. Vous êtes

1. *Lettre 221* de l'édition de Lescure ; 2. *Selwyn :* ami de Walpole et membre
du parlement ; 3. *Auguste-Henri Fitz-Roy*, duc de Grafton, né en 1735, exerça
de hautes charges, dont celle de secrétaire d'État, de premier lord de la
Trésorerie, de garde des sceaux. En 1803, il fut de ceux qui s'opposèrent à la
guerre contre la France. Il mourut en 1811 ; 4. *Milord Chatham :* le père de Pitt.

véritablement tout aussi philosophe que Montaigne : c'est pour moi la suprême louange, car malgré mon excessive partialité, malgré l'ascendant de votre génie[1] sur le mien, je ne trouve aucun esprit aussi éclairé et aussi parfaitement juste que celui de Montaigne. Il n'avait pas comme vous les passions très fortes; vous avez le courage d'y résister, de leur tenir tête; mais comme vous ne pouvez en détruire le germe, elles produisent aujourd'hui des caprices; et parfois des folies ; mais je suis fâchée de n'avoir pas le temps de vous dire toutes les réflexions que vos aveux, ou pour mieux dire, votre confession générale, me font faire : il me semble qu'on ne vous tient que par un fil; on a beau se flatter de l'idée qu'on ait le seul fil, ce n'en est pas moins un fil. J'ai senti une sorte de terreur quand vous m'avez dit que votre dernier voyage de Paris avait dû être votre dernière escapade : vous avez changé d'avis, mais ce qui vous attire est bien faible contre ce qui peut vous retenir : il faut s'abandonner à la Providence, et vous laisser le maître. Mais je crois sentir, mon tuteur, qu'on aurait moins de peine à quitter la vie si l'âme était contente et satisfaite; on penserait moins à soi, on s'apitoierait moins sur soi-même. Vous riez, vous vous moquez de moi, et vous dites : « Toute cette métaphysique n'est que pour me presser de revenir. » Eh bien! il est vrai, je crains de mourir avant de vous revoir[2]. [...]

1. *Génie :* Valeur intellectuelle, sans idée de supériorité; 2. Elle devait le revoir en 1771, et pour la dernière fois en 1775; Walpole quitta Paris le 12 octobre, et, ce jour-là, Mme Du Deffand écrivit : « Adieu. Ce mot est bien triste. Souvenez-vous que vous laissez ici la personne dont vous êtes le plus aimé, et dont le bonheur et le malheur consistent dans ce que vous pensez pour elle... »

LE PRÉSIDENT HÉNAULT

INTRODUCTION

Fils d'un fermier général, conseiller au parlement de Paris à vingt ans, le président Hénault aimait la littérature. Sa tragédie (*Cornélie*) tomba; en revanche, ses petits vers et treize chansons eurent beaucoup de succès. A vingt-cinq ans, il était président de la chambre des enquêtes. Il épousa la petite-fille de Mansard (1714), belle et spirituelle. Elle mourut en 1728. A partir de ce moment, la sœur du président, veuve elle aussi, vint tenir sa maison. En 1744, il publia son *Abrégé chronologique de l'histoire de France*, qui eut beaucoup de succès. Il fut l'un des plus intimes amis de Mme Du Deffand. Il était surintendant de la maison de la reine, membre de l'Académie française et de l'Académie des inscriptions. Voltaire a beaucoup contribué à sa réputation d'homme d'esprit. Cet épicurien se convertit sur le tard, ce qui fit dire à quelque méchante langue : « Vous verrez qu'il a pris le bon Dieu pour un homme en place. »

LETTRE IX

A MADAME LA MARQUISE DU DEFFAND

12 juillet 1742[1].

J'allai hier à *Brutus*[2], il y avait assez de monde; je me confirmai bien dans ce que j'ai toujours pensé, que c'est la plus belle pièce de Voltaire[3]. La Noue[4] y joua avec cette intelligence que vous n'aimez pas, parce qu'elle ne suppose point de feu[5] : c'est comme quand on dit qu'une fille à marier joue bien du clavecin, cela veut dire qu'elle n'est point jolie. Cependant je trouvai qu'il avait du feu : ce n'est point de cela qu'il manque, mais de force; en tout, j'en fus content. La Gaussin[6] joua à son ordinaire; mais de qui je

---

1. Édition de Lescure, *Lettre 20*; 2. Tragédie en cinq actes, représentée pour la première fois à la Comédie-Française, le 11 décembre 1730. Cette pièce a pour sujet la conspiration d'un des fils de Junius Brutus pour le rétablissement des Tarquins, et sa condamnation à mort par son père; 3. *Brutus*, selon Voltaire, est cependant celle de toutes ses pièces qui eut le moins de représentations; 4. *La Noue* : auteur dramatique et acteur; il débuta au Théâtre-Français le 14 mai 1742; 5. De sentiment ni de passion; 6. Elle avait débuté en 1731 à la Comédie-Française dans *Britannicus* (rôle de Junie).

fus enchanté, c'est de Sarrasin[1], qui mit dans le rôle de Brutus toute la noblesse, toutes les entrailles[2], tout le tragique que l'on y peut désirer. De là, je revins chez moi attendre ma compagnie qui ne fut pas nombreuse, car nous n'étions que sept, la maréchale, sa fille, son fils[3], madame de Maurepas, Cereste[4], Pont-de-Veyle[5] et moi; notre souper[6] fut excellent, et, ce qui vous surprendra, nous nous divertîmes. Je vous avoue qu'au sortir de là, si j'avais su où vous trouver, j'aurais été vous chercher; il faisait le plus beau temps du monde, la lune était belle, et mon jardin semblait vous demander. Mais, comme dit Polyeucte, que sert de parler de ces matières à des cœurs que Dieu n'a pas touchés[7]? Enfin je vous regrettais d'autant plus que je pouvais vous prêter des sentiments qu'il n'y a que votre présence seule qui puisse détruire.

Savez-vous la pièce qui court? C'est une lettre de Voltaire au roi de Prusse[8], la plus folle que l'on puisse imaginer. Il lui dit qu'il a bien fait de faire sa paix, que la moitié de Paris l'approuve, qu'il n'a fait que gagner le cardinal de vitesse[9]; qu'il ne doit plus s'occuper à présent que de rappeler les plaisirs, enfants des arts, l'opéra, la comédie, etc. Il est vrai que cette lettre n'est pas aussi bien écrite que Voltaire a coutume d'écrire, mais ce sont ses idées et sa morale.

Voltaire, que Pont-de-Veyle a vu à la Comédie, a paru surpris de cette nouvelle : il a joué avec un grand air de bonne foi qu'il ne savait ce que c'était que cette pièce; qu'il était bien vrai qu'il avait fait réponse à une lettre du roi de Prusse, mais que personne n'avait vu cette réponse, pas même Mme Du Châtelet[10], et qu'il n'y avait rien dans sa

---

1. Il avait débuté en 1729 dans le rôle d'Œdipe, de Corneille; **2.** *Entrailles :* cœur. Cf. Racine, *Phèdre*, v. 1162 : « Mes « entrailles » pour toi se troublent par avance »; **3.** Mme Brancas, Mme de Rochefort, M. de Forcalquier; **4.** Frère des précédents; **5.** Antoine de Ferriol, comte *de Pont-de-Veyle* (1697-1774); **6.** *Souper :* dîner; **7.** Polyeucte à Pauline :

> Si vous pouviez comprendre et le peu qu'est la vie,
> Et de quelles douceurs cette mort est suivie!
> Mais que sert de parler de ces trésors cachés
> A des esprits que Dieu n'a pas encore touchés ?

(V. 1231-1234.)

8. Frédéric II, roi de Prusse depuis deux ans. La lettre était bien de Voltaire. Elle félicitait Frédéric II notre allié au début de la guerre de la Succession d'Autriche de la paix secrète qu'il avait signée le 21 juin 1742 avec Marie-Thérèse, contre cession de la Silésie; **9.** Le cardinal Fleury, ministre depuis 1726; **10.** Émilie Le Tonnelier de Breteuil, marquise *Du Châtelet* (1706-1749). Son intimité avec Voltaire commença en 1734 pour ne se terminer qu'avec sa vie. Son influence fut heureuse. Il trouva chez elle, à Cirey, un abri .

lettre qui ressemblât à ce qui lui était imputé dans celle que l'on faisait courir. Cependant cela devient d'autant plus sérieux que tous les ministres étrangers en ont des copies, que M. Chambrier[1] en a trouvé une à sa porte, et que le cardinal l'a lue. Si c'est une méchanceté qu'on lui a faite, comme il y a beaucoup d'apparence, vous conviendrez que voilà un tour bien noir. Il y a des gens que les aventures vont chercher, et qui rencontreraient des hasards[2] à la Trappe[3]. Il ne sait quel parti prendre, et il faut avouer que le conseil est difficile à donner; cependant, toute réflexion faite, il me semble qu'il n'y aurait qu'à écrire une deuxième lettre au roi de Prusse, dans laquelle il le supplierait de vouloir montrer celle qu'il lui a écrite à M. de Valori[4], et envoyer cette seconde lettre à M. Amelot[5], pour qu'il le fît tenir[6]. Mais pour prendre ce parti, il faut deux conditions : la première, qu'il n'ait pas en effet écrit la lettre qu'on lui impute, et puis que celle qui est la véritable ne contienne rien dont on puisse être offensé ici, ce dont je ne répondrais pas. [...]

---

1. *Chambrier :* ministre du roi de Prusse à Paris; 2. *Hasards :* dangers. Cf. Corneille, *Polyeucte*, v. 612 : « La vertu la plus ferme évite les hasards »; 3. Abbaye fondée en 1140 dans l'Orne, près de Mortagne. L'abbé de Rancé l'avait réformée en 1662; 4. *M. de Valori :* ministre de France à Berlin; 5. *Amelot :* secrétaire d'État aux Affaires étrangères et surintendant des Postes depuis le mois de février 1742, date de la lettre; 6. *Tenir :* remettre.

MADEMOISELLE DE LESPINASSE

INTRODUCTION

Elle naquit à Lyon en 1732 et mourut à Paris en 1776, après avoir mené une existence difficile et passionnée. Fille naturelle d'une grande dame (Mme d'Albon, d'après Grimm), élevée un moment par celle-ci, puis recueillie par une sœur qui vivait sur ses terres, elle devint demoiselle de compagnie de Mme Du Deffand. Brouillée avec cette dernière, elle se fût trouvée sans ressources si Choiseul ne lui avait fait obtenir une gratification du roi, si Mme de Luxembourg ne l'avait installée dans un appartement rue de Bellechasse, si enfin, Mme Geoffrin ne l'avait aidée. D'Alembert lui voua une amitié fidèle. Deux grandes passions malheureuses ont attristé ses dernières années : l'une pour le marquis de Moura, fils du comte de Fuentès, ambassadeur d'Espagne en France, l'autre pour le chevalier de Guibert. Elle avait une imagination ardente, et ses lettres, selon l'expression d'un de ses éditeurs, « brûlent parfois le papier ». Voltaire écrivait à M. Devaisme, le 17 avril 1776 : « Je n'ai jamais vu Mlle de Lespinasse, mais tout ce qu'on m'en a dit me la fait bien aimer ; je serais bien affligé de sa perte. »

Lettre X

A MONSIEUR DE GUIBERT[1]

Samedi matin 1774 (octobre).

Je vous quittai hier[2] par ménagement pour vous ; j'étais si triste : je venais d'*Orphée*[3]. Cette musique me rend folle, elle m'entraîne ; je n'y puis plus manquer un jour : mon âme est avide de cette espèce de douleur. Ah ! mon Dieu ! que je suis peu au ton de tout ce qui m'entoure[4], et cependant jamais on n'a dû chérir autant l'amitié ; mes amis sont d'excellentes gens ; leurs soins, leur intérêt ne se lassent

---

1. Le comte *de Guibert* (1743-1790) ; il est l'auteur d'un ouvrage de tactique, d'*Eloges*, et de tragédies. 2. Mlle de Lespinasse veut dire qu'elle a interrompu sa lettre de la veille ; 3. La veille, elle avait écrit : « Les jours d'opéra sont mes jours de retraite : j'y suis seule, je rentre chez moi, et ma porte est fermée. » L'*Orphée* avait été joué pour la première fois le 2 août ; 4. Dans la lettre de la veille, elle notait : « M. d'Alembert a été voir *Arlequin* ; il aime mieux cela qu'*Orphée*. Tout le monde a raison... »

point, et je suis à comprendre ce qu'ils peuvent trouver en moi qui les attache; c'est mon malheur, c'est mon trouble, c'est ce que je dis, c'est ce que je ne dis point qui les anime et les échauffe. Oui, je le vois, les âmes honnêtes et sensibles aiment les malheureux; ils ont une sorte d'attrait qui occupe et exerce l'âme : on aime à se trouver sensible, et les maux des autres ont cette juste mesure qui fait compatir sans souffrir[1]. Eh bien, je leur promets cette jouissance tout le temps qui me reste à vivre. — Mon ami, je voulais vous dire la dernière fois que vous devriez loger dans le même hôtel garni que le chevalier d'Aguesseau[2] : cela vous épargnerait la peine de vous aller chercher réciproquement : cela vous serait commode, et je serais assurée que vous ne quitteriez pas mon quartier. Oui, c'est toujours l'intérêt personnel qui couvre tout, qui anime tout; et les sots ou les esprits faux qui ont attaqué Helvétius[3] n'avaient sans doute jamais aimé ni réfléchi. Ah! bon Dieu! que de gens qui meurent sans avoir senti l'un ni connu l'autre! C'est tant mieux pour eux et tant pis pour nous; oui tant pis : car je ne puis pas vous exprimer le dégoût, le redoublement de dégoût que je me sens, je ne dis pas seulement pour les sots, mais pour ces gens qui sont si bien à ma mesure que je prévois tout ce qu'ils vont dire lorsqu'ils ouvrent la bouche! Ah! je suis bien malade! je ne puis souffrir les gens qui me ressemblent : tout ce qui n'est qu'à côté de moi[4] me paraît trop petit; il faut me faire lever les yeux pour regarder, sans quoi je me fatigue et m'ennuie. Mon ami, la société ne me présente plus que deux intérêts : il faut que j'aime[5] ou qu'on m'éclaire[6]. De l'esprit n'est point assez; il faut beaucoup d'esprit. C'est vous dire que je n'écoute plus que cinq ou six personnes, et que je ne lis plus que six ou sept livres. Cependant, il y a plus de gens que cela qui ont des droits sur moi; mais c'est par le sentiment et la confiance, et cela ne change rien à la disposition où je suis pour le général[7]. Voici le résultat : ce qui est moins que moi m'éteint et m'assomme; ce qui est à côté de moi m'ennuie et me fatigue. Il n'y a que ce qui est au-dessus de moi qui me soutienne et m'arrache à moi-même;

1. On remarquera la finesse de l'analyse et la légèreté de l'ironie; 2. Petit-fils du chancelier; 3. *Helvétius* (1715-1771) : riche fermier général. Il avait, en 1758, publié *De l'esprit*, qui fut condamné; 4. Sur le même plan que moi; 5. « Il n'y a que la passion qui soit raisonnable », a-t-elle écrit dans une autre lettre; 6. Qu'on ait sur moi la supériorité de l'esprit; 7. Pour ce qui n'appartient pas au domaine du « sentiment » et de la « confiance ».

et je dirai toujours comme cet ancien : « Mes amis, sauvez-moi de moi-même. » Tout cela prouve que la vanité est bien éteinte en moi, mais qu'elle est remplacée par un dégoût universel et mortel. — La comtesse de Boufflers[1] n'en est pas là, aussi est-elle bien aimable. Je l'ai vue beaucoup cette semaine, elle vint dîner chez Mme Geoffrin[2] mercredi; elle fut charmante; elle ne dit pas un mot qui ne fût un paradoxe. Elle fut attaquée, et elle se défendit avec tant d'esprit que ses erreurs valaient presque autant que la vérité. Par exemple elle trouve que c'est un grand malheur que d'être ambassadeur, il n'importe de quel pays, ni chez quelle nation : cela ne lui paraît qu'un exil affreux, etc., etc. Et puis elle nous dit que dans le temps où elle aimait le mieux l'Angleterre, elle n'aurait jamais consenti à s'y fixer qu'à la condition qu'elle y aurait amené avec elle vingt-quatre ou vingt-cinq de ses amis intimes, et soixante à quatre-vingts autres personnes qui leur étaient absolument nécessaires; et c'était avec beaucoup de sérieux et surtout beaucoup de sensibilité qu'elle nous apprenait le besoin de son âme. Ce que j'aurais voulu que vous vissiez, c'est l'étonnement qu'elle causait à milord Shelburne[3]. Il est simple, naturel; il a de l'âme, de la force : il n'a de goût et d'attrait que pour ce qui lui ressemble, au moins par le naturel. — Il a été voir M. de Malesherbes[4]; il est revenu enchanté. Il me disait : « J'ai vu, pour la première fois de ma vie, ce que je ne croyais pas qui pût exister : c'est un homme dont l'âme est absolument exempte de crainte et d'espérance, et [qui] cependant est plein de vie et de chaleur. Rien dans la nature ne peut troubler sa paix; rien ne lui est nécessaire, et il s'intéresse vivement à tout ce qui est bon; en un mot, a-t-il ajouté, j'ai beaucoup voyagé et je n'ai jamais rapporté un sentiment aussi profond. Si je fais quelque chose de bien dans tout le temps qui me reste à vivre, je suis sûr que le souvenir de M. de Malesherbes animera mon

1. *La comtesse de Boufflers*, animatrice de la société qui se réunissait au Temple, avant d'avoir à Auteuil sa petite cour. Amie de J.-J. Rousseau, de Hume, de Grimm. On sait que Mme Du Deffand l'appelait la « divine comtesse »; 2. *Mme Geoffrin* (1699-1777) avait un salon que fréquentaient artistes et gens de lettres; 3. *Shelburne* : ministre dans le cabinet de Pitt (1766), puis chef de l'opposition. Revenu aux affaires, il signa le traité de Versailles; 4. *M. de Malesherbes* : exilé par Louis XV, puis revenu à l'avènement de Louis XVI. Esprit libéral, il fut un protecteur sûr des philosophes et des encyclopédistes. Attaché au principe monarchique, mais ennemi de l'absolutisme, il devait périr sur l'échafaud en 1794, avec sa fille et son gendre, frère de Chateaubriand. On sait qu'il avait été un des défenseurs du roi.

âme. » Mon ami, voilà un bel éloge, et celui qui le fait est
à coup sûr un homme intéressant. Je le trouve bien heureux
d'être né Anglais ; je l'ai beaucoup vu, je l'ai écouté, celui-là :
il a de l'esprit, de la chaleur, de l'élévation. Il s'en va dans
huit jours, et j'en suis bien aise : il est cause que par des
arrangements de société j'ai dîné tous les jours avec quinze
personnes et cela me fatigue plus encore qu'il ne m'intéresse. Il me faut du repos : ma machine est détruite.
Bonjour, mon ami. J'attends la poste ; voilà ce qui m'est
nécessaire[1].

1. Entendez : recevoir une lettre de vous.

D'ALEMBERT

INTRODUCTION

Fils naturel de Mme de Tencin, Jean Le Rond d'Alembert (1717-1783) fut abandonné dès sa naissance et élevé par une vitrière de la rue Michel-Le-Comte, grâce à une rente que lui assura son père, le chevalier Destouches, commissaire général de l'artillerie. A vingt-trois ans, il se fit recevoir membre de l'Académie des sciences. Mais ce fut le *Discours* préliminaire de l'*Encyclopédie* qui le fit connaître, lui ouvrit, en 1754, les portes de l'Académie française, dont il devint, en 1772, le secrétaire perpétuel. Sa réputation en Europe fut extraordinaire. Contrairement à la plupart des autres philosophes, il se tint à l'écart des grands. On ne le vit guère que chez Mme Du Deffand, puis chez Mlle de Lespinasse.

LETTRE XI

A MONSIEUR DE VOLTAIRE

Paris, 6 mai 1760.

[...] La pièce contre les philosophes[1] a été jouée vendredi pour la première fois, et hier pour la troisième, et jusqu'ici avec beaucoup d'affluence. On dit, car je ne l'ai point vue et ne la verrai point, qu'elle n'est pas mal écrite, surtout dans le premier acte; que du reste il n'y a ni conduite, ni invention. Nous n'y sommes attaqués personnellement ni l'un ni l'autre. Les seuls maltraités sont Helvétius, Diderot, Rousseau, Duclos[2], Mme Geoffrin[3] et Mlle Clairon[4] qui a tonné contre cette infamie. Il me paraît en général

---

1. *Les Philosophes*, de Palissot. La pièce eut quatorze représentations consécutives, ce qui était un véritable succès. Crispin revient à la nature, broute une laitue et marche à quatre pattes (1760); 2. *Duclos* (1704-1772) a publié, en 1751, ses *Considérations sur les mœurs de ce siècle* : il était parmi les collaborateurs de l'*Encyclopédie* ; 3. Mme Geoffrin, v. page 32, note 2; 4. Mlle *Clairon* : actrice de la Comédie-Française, qui connut de véritables triomphes. Elle débuta dans *Phèdre*. Elle se fit beaucoup d'ennemis, dont Fréron.

que les honnêtes gens en sont indignés. [...] Le but de cette pièce est de représenter les philosophes, non comme des gens ridicules, mais comme des gens de sac et de corde, sans principes et sans mœurs; et c'est M. Palissot, banque-routier, qui leur fait cette leçon.

Les protecteurs femelles (déclarés) de cette pièce sont Mmes de Villeroi[1], de Robecq[2] et Du Deffand, votre amie et ci-devant la mienne; en hommes, il n'y a jusqu'ici de protecteurs déclarés que maître Aliboron dit Fréron, de l'académie d'Angers[3]; mais il n'est certainement que sous-protecteur, et l'atrocité de la pièce est telle qu'elle ne peut avoir été jouée sans protecteurs puissants. On en nomme plusieurs qui tous la désavouent. Les seuls qui soient un peu plus francs sont messieurs les gens du roi, Séguier et Joly de Fleuri[4], auteurs de ce bon réquisitoire contre l'*Ency-clopédie*. M. Séguier a dit, en plein foyer, qu'il avait lu la pièce, et qu'il n'y avait rien trouvé de répréhensible. Voilà, mon cher philosophe, ce que je sais sur ce sujet [...]

Lettre XII

A MONSIEUR DE VOLTAIRE

Paris, 8 septembre 1762.

L'Académie m'a chargé, mon cher confrère, en l'absence de M. Duclos[5], de vous remercier de la traduction que vous lui avez envoyée de *Jules César*[6] de Shakespeare. Elle l'a lue avec plaisir, et elle pense que vous avez très bien fait de relever par ce parallèle le mérite de notre théâtre[7]. Elle s'en rapporte à vous pour la fidélité de la traduction, n'ayant

---

1. *Mme de Villeroi* : amie de Mme Du Deffand; 2. *Mme de Robecq* : fille de la maréchale de Luxembourg; elle avait inspiré la pièce de Palissot; 3. *Fréron* mena la lutte contre les philosophes dans son journal intitulé d'abord *Lettres sur quelques écrits de ce temps* (1749-1754), puis *l'Année littéraire*, continuée à sa mort par son fils; 4. *Séguier* et *Joly de Fleuri* : avocats généraux au parlement de Paris; 5. Secrétaire perpétuel depuis 1755; 6. Voltaire a fait connaître Shakespeare en France par ses *Lettres philosophiques* ou *Lettres sur les Anglais* (1734), par ses préfaces de *Brutus* (1731) et de *la Mort de César* (1736). Puis il se détacha de lui jusqu'à le traiter, en 1776, dans sa *Lettre à l'Académie fran-çaise*, de « saltimbanque » et de « sauvage ivre »; 7. Voltaire fit la traduction de *Jules César* pour comparer la pièce de Shakespeare à *Cinna*.

pas eu d'ailleurs l'original sous les yeux. Elle est étonnée
qu'une nation qui n'est pas barbare puisse applaudir à des
rapsodies si grossières; et rien ne lui paraît plus propre,
comme vous l'avez très bien pensé, à assurer la gloire de
Corneille.

Après m'être acquitté des ordres de l'Académie, voici
maintenant pour mon compte. Quelque absurde que me
paraisse la pièce de Shakespeare, quelque grossiers que
soient réellement les personnages, quelque fidélité que je
pense que vous ayez mise dans votre traduction, j'ai peine à
croire qu'en certains endroits l'original soit aussi mauvais
qu'il le paraît dans cette traduction[1]. Il y a un endroit, par
exemple, où vous faites dire à un des acteurs, « mes braves
gentilshommes »; il y a apparence que l'anglais porte *gentlemen*, ou peut-être *worthy gentlemen*, expression qui ne
renferme pas l'idée de familiarité qui est attachée dans
notre langue à celle-ci, « mes braves gentilshommes ». Vous
faites dire à un des conjurés, après l'assassinat de César,
« l'ambition vient de payer ses dettes » : cela est ridicule en
français, et je ne doute point que cela ne soit fidèlement
traduit; mais cette façon de parler est-elle ridicule en anglais ?
Je m'en rapporte à vous pour le savoir. Si je disais de quelqu'un qui est mort : « il a payé sa dette à la nature », je
m'exprimerais ridiculement; cependant la phrase latine cor-
respondante, *naturae solvit debitum*, n'aurait rien de répréhensible. Vous sentez bien, mon cher maître, que je ne fais en
tout ceci que vous proposer mes doutes[2]; je sais très médio-
crement l'anglais; je n'ai point l'original sous les yeux; la
présomption est pour vous à tous égards; et moi-même tout
le premier je parierais pour vous contre moi; mais comme
l'anglais et le français sont deux langues vivantes, et dans
lesquelles, par conséquent, on connaît parfaitement ce qui
est bas ou noble, propre ou impropre, sérieux ou familier,
il est très important que dans votre traduction vous ayez
conservé partout le caractère de l'original dans chaque
phrase, afin que les Anglais ne vous reprochent pas ou
d'ignorer la valeur des expressions dans leur langue, ou
d'avoir défiguré leur idole, pour ne pas dire leur magot[3].

---

1. Parce que Voltaire a un système de version littérale trop strict; 2. On
remarquera dans ce passage le bon sens et la loyauté de d'Alembert. On le sent
ferme sous une apparence de modestie; 3. Deux termes méprisants dans la
bouche d'un adversaire déterminé de toute superstition.

Lettre XIII

A MADAME LA MARQUISE DU DEFFAND

Sans-Souci, le 25 juin 1763[1].

Vous m'avez permis, Madame, de « vous donner de mes nouvelles », et de vous demander des vôtres. Je n'ai rien de plus pressé que d'user de cette permission[2]. Je suis arrivé ici le 22, après un voyage très heureux et très agréable. Ce voyage n'a pas même été aussi fatigant que j'aurais pu le craindre, quoique j'aie souvent couru jour et nuit ; mais le désir que j'avais de voir le roi, et l'ordre de le suivre depuis Gueldres où je l'ai trouvé, jusqu'ici, m'a donné de la force et du courage. Je ne vous ferai point d'éloges de ce prince ; ils seraient suspects dans ma bouche. Je vous raconterai seulement deux traits qui vous feront juger de sa manière de penser et de sentir. Quand je lui ai parlé de la gloire qu'il s'est acquise, il m'a dit, avec la plus grande simplicité : qu'il y avait furieusement à rabattre de cette gloire ; que le hasard y était presque pour tout[3], et qu'il aimerait bien mieux avoir fait *Athalie* que toute cette guerre ; *Athalie* est, en effet, l'ouvrage qu'il aime et qu'il relit le plus[4]. Je crois que vous ne désapprouverez pas son goût en cela, comme sur toute œuvre de notre littérature, dont je voudrais que vous l'entendissiez juger. L'autre trait que j'ai à vous dire de ce prince, c'est que le jour de la conclusion de cette paix si glorieuse qu'il vient de faire[5], quelqu'un lui disant que c'était là le plus beau jour de sa vie : « Le plus beau jour de la vie, répondit-il, est celui où on la quitte[6]. » Cela revient à peu près, Madame, à ce que vous me dites si souvent, « *que le plus grand malheur est d'être né*[7]. »

1. *Lettre 154* du recueil de Lescure. D'Alembert est en Prusse auprès du roi philosophe ; 2. On notera le ton ironique de cette lettre, assez dans la manière de Voltaire : depuis 1760, d'Alembert était en froid avec Mme Du Deffand ; 3. La mort de la tsarine Élisabeth et l'avènement de Pierre III furent d'heureux hasards ; 4. D'Alembert pensait-il [déjà, sur *Athalie*, ce qu'il écrivait six ans plus tard à Voltaire, et en communion totale avec lui : « J'ai toujours regardé cette pièce comme un chef-d'œuvre de versification et comme une très belle tragédie de collège. Je n'y trouve ni action ni intérêt » ; 5. Paix d'Hubertsbourg (15 février 1763) : Frédéric gardait la Silésie ; 6. En 1760, Frédéric II écrivait au marquis d'Argens : « Vous faites cas de la v e en sybarite ; pour moi je regarde la mort en stoïcien » ; 7. Cf. Lettre VII, fin.

Je ne parlerai point, Madame, des bontés infinies dont ce prince m'honore; vous ne pourriez le croire, et ma vanité vous épargnera cet ennui. Je ne parlerai point non plus de l'accueil que Mme la duchesse de Brunswick, sœur du roi, et toute la maison de Brunswick, a bien voulu me faire; je me contenterai de vous assurer que dans l'espèce de tourbillon où je suis je n'oublie point vos bontés et l'amitié dont vous voulez bien m'honorer; je me flatte de la mériter un peu par mon respectueux attachement pour vous. Comme je sais que rien ne vous ennuie davantage que d'écrire des lettres, je n'ose vous demander de vos nouvelles directement; mais j'espère que Mlle de Lespinasse voudra bien m'en donner[1]. J'oubliais de vous dire que le roi m'a parlé de vous, de votre esprit, de vos bons mots, et m'a demandé de vos nouvelles. Je n'ai point encore vu Berlin; mais Potsdam est une très belle ville; et le château où je suis est de la plus grande magnificence et du meilleur goût[2]. Adieu, Madame, conservez votre santé; la mienne est toujours bonne. Oserais-je vous prier de me rappeler au souvenir de M. le maréchal et de madame la maréchale de Luxembourg[3]?

1. Déjà à cette date, d'Alembert préférait la demoiselle de compagnie à la marquise; 2. Le château de Potsdam fut bâti de 1745 à 1747 par Frédéric II; 3. *La maréchale de Luxembourg* : Madeleine-Angélique de Neufville-Villeroy, née en 1707, petite-fille du maréchal de Villeroy, gouverneur de Louis XV, mariée en premières noces au duc de Boufflers. Après la mort de celui-ci, en 1747, elle se retira de la cour, épousa en 1750 le duc de Luxembourg. Mme Du Deffand appréciait son amitié. Rousseau fut un moment protégé par elle. Elle mourut en 1787.

L'ABBÉ BARTHÉLEMY

INTRODUCTION

C'est une figure intéressante que celle de l'abbé Barthélemy, cet archéologue et numismate, profondément attaché à ses études et qui, invité par le duc de Choiseul à le suivre en Italie, s'y rendit avec lui, devint le familier de cette illustre maison, qu'il servit dans la gloire et dans l'exil, avec une bonne humeur et un dévouement absolus. Sa correspondance est alerte et gaie, pleine de malice et d'humour, écrite dans une langue le plus souvent admirable de limpidité et de correction. Il est aussi l'auteur d'un livre qui n'est jamais ennuyeux : le *Voyage du jeune Anacharsis* (1788).

Lettre XIV

A MADAME LA MARQUISE DU DEFFAND

Chanteloup[1], ce 7 juin 1770.

Hier nous fûmes à la chasse. Rien de si beau que ce spectacle. Nous avions à notre tête M. de Perceval, capitaine des chasses, qui a été longtemps de celles du roi en qualité de garde du corps. Il avait un petit surtout de taffetas, couleur de rose, et un grand cheval qui de temps en temps s'arrêtait et tournait quatre à cinq fois sur lui-même. Après venait le lieutenant des chasses, qui avait la voix et la figure d'un petit docteur que j'ai vu à la Comédie-Italienne[2]; un premier piqueur avec son cor autour du col, et qui ressemble à M. Western de *Tom Jones*[3]; trois ou quatre autres piqueurs, cinq ou six gardes et sept à huit chiens superbes et un peu plus grands que la petite chienne de la grand'maman[4]. Nous lançâmes un chevreuil et tuâmes un

---

1. A 4 kilomètres à l'est d'Amboise. Château bâti par la princesse des Ursins; **2.** Les acteurs italiens jouèrent à Paris à l'hôtel de Bourgogne, au Petit-Bourbon, au Palais-Royal. Leur théâtre fusionna, en 1762, avec l'Opéra-Comique; **3.** *Tom Jones*, œuvre du romancier anglais Fielding, fut publié en 1749. Western est le type du gentilhomme campagnard passionné pour la chasse; **4.** Surnom de Mᵐᵉ de Choiseul. La grand-mère maternelle de Mᵐᵉ Du Deffand avait épousé en secondes noces le duc de Choiseul, et, par plaisanterie, Mᵐᵉ Du Deffand appelait grand-maman la jeune duchesse de Choiseul qui avait trente-neuf ans de moins qu'elle.

loup, à peu près comme les généraux gagnent des batailles, c'est-à-dire que nous entendîmes le coup, que nous courûmes au bruit, que nous vîmes l'ennemi étendu sur le carreau, que nous en eûmes peur, et que nous nous retirâmes en bon ordre. Dans ce moment, la petite sainte[1], qui était restée dans la calèche, avertit qu'elle avait vu passer le chevreuil dans une petite route. Tous les chasseurs s'assemblèrent auprès d'elle. On vérifia le fait. Ce chevreuil était un lièvre. Le sonneur de cloches d'Amboise, qui se trouvait là par hasard, dit qu'il avait vu un sanglier s'enfoncer dans un taillis voisin; nous l'entourâmes, et sans une grosse pluie qui tombait depuis une heure sur nous, nous l'aurions forcé. Je crois pourtant que ce sanglier était un hanneton. Tout le monde fit des merveilles. La grand'maman, le prince sans pair[2] et M. de Lauzun[3] couraient avec un courage effroyable quand le chemin était beau. Gatti[4] trottait ses deux poings appuyés sur sa selle et le corps tout courbé à cause de sa sciatique. Après tous ces héros, je n'ose me nommer[5]; mais j'allais assez bien sur un cheval si petit que mes jambes traînaient par terre et se confondaient avec celles du cheval, excepté qu'elles n'étaient pas si jolies. [...]

LETTRE XV

A MADAME LA MARQUISE DU DEFFAND

Chanteloup, 14 janvier 1771.

[...] Le grand-papa[6] se lève à neuf heures et la grand' maman à dix. La matinée est employée à écrire d'un côté, à faire sa toilette de l'autre, ensuite à des arrangements domestiques, tous les détails d'un nouvel établissement. On dîne à deux heures. Après le dîner, des parties de whist ou de trictrac. On se retire depuis six ou sept heures jusqu'à dix qu'on soupe. Un pharaon[7] après souper jusqu'à

1. La comtesse de Choiseul-Beaupré, dont le mari était lieutenant général des provinces de Champagne et de Brie. Elle est la nièce du comte de Choiseul-Gouffier, élève de l'abbé Barthélemy; 2. Peut-être le prince de Beauvau; 3. M. de Gontaut avait épousé une sœur de la duchesse de Choiseul. Son fils, Armand-Louis de Gontaut, duc de Biron, fut connu longtemps sous le nom de *duc de Lauzun;* 4. *Gatti:* médecin florentin; 5. Remarquer l'alexandrin et la parodie du style épique; 6. Le duc Étienne-François de Choiseul, ministre de 1758 à 1770. Il venait d'être disgracié; 7. Ce jeu de cartes fut très en faveur au XVIIIᵉ siècle.

une heure. Avec de pareils amusements, le temps nous emporte si vite que je crois toujours n'être arrivé que hier au soir. Remarquez bien que je n'ai pas compté les promenades, parce qu'il est impossible de sortir du château; nous y sommes assiégés par la neige, la glace, une bise épouvantable, un gâchis affreux. On n'est occupé qu'à se garantir du froid ou de la fumée. On n'a que le second inconvénient au rez-de-chaussée, où sont la grand'maman, le grand-papa et Mᵐᵉ de Grammont[1]. Au second, où je suis, j'éprouve le premier dans toute sa force. Mon appartement fait le coin du château; il est en plein nord, et ce nord est tout entier dans ma chambre; je grelotte auprès du feu, dans mon lit. Cette nuit je me suis levé, et j'ai mis sur moi tout ce que j'ai trouvé en tâtonnant, redingotes, habits, chemises, livres, etc., et j'étais à moitié gelé ce matin. [...]

LETTRE XVI

A MADAME LA MARQUISE DU DEFFAND

Chanteloup, 27 octobre 1771.

[...] Vous saurez donc qu'il fait depuis quelques jours le plus beau temps du monde; l'aurore, ce matin, en ouvrant les portes de l'Orient, s'est montrée avec la fraîcheur du printemps. Le soleil, qui marchait sur ses traces, a répandu la clarté la plus brillante. Toute la nature était dans le repos, lorsque le héros Christophe[2], couvert d'une robe légère et blanche comme la neige, a conduit sur le gazon deux superbes taureaux suisses qui, s'étant lancés l'un contre l'autre, ont fait trembler la terre et l'Olympe[3], ou si vous l'aimez mieux, l'avant-cour et le château. [...]

1. *Mᵐᵉ de Grammont :* sœur du duc de Choiseul. Elle avait beaucoup d'autorité sur lui. Elle n'avait pas grande affection pour sa belle-sœur; 2. Domestique de Chanteloup; 3. On notera ce badinage « homérique ».

LA DUCHESSE DE CHOISEUL

INTRODUCTION

Le fils du financier Crozat avait épousé une fille noble, née Gouffier. C'est de ce mariage que naquit Louise-Honorine Crozat du Châtel (1736-1801), celle qui, mariée jeune, devait être la duchesse de Choiseul, une des plus pures figures du xviiie siècle. On lira (p. 85) le portrait qu'en fit Mme Du Deffand. Elle fut aimée de tous ceux qui la connurent à cause de son âme pleine de douceur et de fermeté, pleine d'indulgence et d'amour pour un mari qui, moralement, ne la valait pas. Fille spirituelle de Voltaire, elle n'aimait pas son ironie quand elle était cruelle. Elle détestait Rousseau. Esprit pondéré, elle a écrit sur le bonheur ces lignes si révélatrices : « [...] Je suis heureuse, très heureuse, autant qu'on peut l'être, séparée de ses amis; car les jouissances de l'amitié, je l'avoue, sont la véritable béatitude; mais on ne peut pas toujours être dans les cieux. Je rampe donc tout comme un autre, et je m'en tire tout comme un autre. En fait de bonheur, il ne faut pas rechercher le « pourquoi », ni regarder au « comment ». Le meilleur et le plus sûr est de le prendre comme il vient[1]. » Après la mort de son mari (1785), elle vécut dans la retraite. Elle ne fut pas inquiétée pendant la Révolution. Ses démarches firent remettre en liberté l'abbé Barthélemy.

LETTRE XVII

[Choiseul, disgracié, avait été exilé dans sa terre de Chanteloup, le 24 décembre 1770. Voltaire écrivit alors une épître fort spirituelle où, sous le nom de *Barmécide*, il chante les louanges de Choiseul. Voici cette épître qui motiva la lettre de remerciement qu'écrivit à Voltaire Mme de Choiseul.

BENALDUKI A CARAMOUFTÉE, FEMME DE GIAFAR LE BARMÉCIDE[2]

De Barmécide épouse généreuse,
Toujours aimable et toujours vertueuse,

---

1. A Mme Du Deffand, *Lettre* datée de Chanteloup, 15 juin 1775; 2. Les *Barmécides*, et particulièrement l'un d'eux, Giafar, furent populaires sous le règne d'Haroun al-Rachid (786-809), dont ils étaient les ministres. Ils furent disgraciés. Giafar était connu par les *Mille et Une Nuits*.

Quand vous sortez des rêves de Bagdat[1],
Quand vous quittez leur faux et triste éclat,
Et que tranquille aux champs de la Syrie[2],
Vous retrouvez votre belle patrie;
Quand tous les cœurs en ces climats[3] heureux
Sont sur la route et vous suivent tous deux,
Votre départ[4] est un triomphe auguste;
Chacun bénit Barmécide le Juste,
Et la retraite est pour vous une cour.
Nul intérêt; vous régnez par l'amour :
Un tel empire est le seul qui vous flatte.
Je vis hier sur les bords de l'Euphrate[5]
Gens de tout âge et de tous les pays;
Je leur disais : « Qui vous a réunis?
— C'est Barmécide. — Et toi, quel dieu propice
T'a relevé du fond du précipice?
— C'est Barmécide. — Et toi, qui t'a décoré
De ce cordon dont je te vois paré[6]?
Ta pension? qui t'a fait cette grâce?
— C'est Barmécide. Il répandait le bien
De son calife[7] et prodiguait le sien. »
Et les enfants répondaient : « Barmécide! »
Ce nom sacré sur nos lèvres réside
Comme en nos cœurs. Le calife, à ce bruit,
Qui redoublait encore pendant la nuit,
Nous défendit de crier davantage.
Chacun se tut ainsi qu'il est d'usage;
Mais les échos répétaient mille fois :
« C'est Barmécide! » et leur bruyante voix
Du doux sommeil priva pour son dommage
Le commandeur des croyants[8] de notre âge.
Au point du jour, alors qu'il s'endormit,
Tout en rêvant, le calife redit :
« C'est Barmécide! » Et bientôt sa sagesse
A rappelé sa première tendresse[9].

A tant de gentillesses, Mme de Choiseul répondit par la lettre qui suit.]

---

1. Versailles; 2. Chanteloup; 3. *Climat :* pays, contrée, sans idée de conditions atmosphériques. Cf. Racine, *Esther*, v. 10 : « Quel climat, quel désert a donc pu te cacher? »; 4. Euphémisme pour « exil »; 5. Toujours le même dépaysement oriental dont dès 1721 *les Lettres persanes* avaient donné le modèle achevé; 6. Le grand cordon de Saint-Louis; 7. Le souverain; 8. *Commandeur des croyants :* titre donné aux anciens califes; 9. Choiseul ne fut pas rappelé. La cause de son renvoi fut que le roi ne partageait pas les vues de son ministre sur l'opportunité d'une guerre avec l'Angleterre.

A VOLTAIRE

Chanteloup, ce 24 janvier 1771.

Non, Monsieur, il n'y a rien de comparable à votre Barmécide; rien de si charmant que la peinture que vous en faites; rien de si délicat que les éloges que vous lui donnez; rien de si séduisant que le désir de lui ressembler; rien de si flatteur que le plaisir de s'y reconnaître. Loin de nous ces moralistes triviaux[1], ces casuistes imbéciles[2] qui condamnent l'amour-propre[3]. Sublime orgueil, père de Lucifer et père des vertus[4], je m'abandonne à vous! si je savais faire des vers, j'en ferais à l'honneur de l'orgueil, comme vous en faites à celui de Barmécide. Mais je ne me sens point en disposition de soutenir un style si élevé. Je renonce à l'enthousiasme qui égare, mais je ne renonce pas à l'amour-propre qui est dans la nature. Mon sentiment pour Barmécide m'associe à sa gloire. J'ai toujours eu la vanité des gens que j'aime; c'est ma façon d'aimer. Votre Barmécide est juste et généreux. Le mien joint à ces vertus l'avantage d'être heureux et la science de jouir de son bonheur : son bonheur est un triomphe, sa jouissance est sagesse.

Vous m'écrivez que vous me croyez l'âme forte. Je ne sais ce que c'est que la force. Je cède à toutes les impressions qui me sont propres; je me refuse à toutes celles qui me sont étrangères. Voilà pourquoi je n'ai point connu les biens de convention et pourquoi je ne souffre pas d'un mal imaginaire. Je n'étais pas heureuse quand j'excitais l'envie et je le suis parfaitement aujourd'hui que les sots me plaignent. Est-ce là ce que vous appelez courage ?

Vos lettres à M. de Choiseul m'ont attendrie. Ce sont là de ces impressions auxquelles je me livre tant qu'on veut; rien de plus touchant que la proposition que vous lui faites de le venir trouver. Hélas! hélas! et pour vous, et pour nous, nous ne devons pas l'accepter de si tôt. Voilà ce que le

---

1. « Le mot a pris un sens défavorable qu'il n'avait pas au temps de La Bruyère. Cf. *Caractères*, VI, 12 : « ... l'homme de lettres est trivial (= visible pour tous) comme une borne au coin des places »; 2. *Casuistes* : est pris, par extension de sens, avec la valeur de « moralistes »; *imbéciles* : sans vigueur d'esprit; 3. Cf. les théories de La Rochefoucauld; Mme de Choiseul plaisante évidemment; 4. Paradoxe plaisant qui recouvre cependant une question maintes fois discutée.

prudent Barmécide me charge de vous dire. Jugez, Monsieur, de ce que cette prudence nous coûte; il n'a pas l'honneur de vous répondre parce qu'il ne se permet guère d'écrire[1]. Autre prudence qui n'est guère moins onéreuse que la première[2] quand elle vous a pour objet [...] N'oubliez pas, je vous prie, la promesse que vous me faites de remplir notre solitude de vos productions. C'est dans la retraite que se forme le goût; le nôtre le sera par vos ouvrages. Nous aurons, il est vrai, tout le temps de les admirer. Il est difficile, Monsieur, d'ajouter à l'admiration que nous leur portons déjà et à tous nos sentiments pour vous.

1. Sa correspondance était sans doute surveillée; 2. C'est-à-dire : celle qui empêcha Choiseul de recevoir Voltaire à Chanteloup.

BUFFON

INTRODUCTION

Georges-Louis Leclerc de Buffon (1707-1788) naquit à Montbard; son père était conseiller au parlement de Bourgogne. Il se fit connaître par des travaux de physique et de mathématiques et fut de l'Académie des sciences en 1733. Nommé en 1739 intendant du Jardin du roi, il se consacra à l'histoire naturelle, dont il fit l'occupation de toute sa vie. Son œuvre, l'*Histoire naturelle*, est un travail considérable : c'est dans les *Suppléments* (1774-1789) que se trouvent les *Époques de la nature*. Le mérite de Buffon est de n'avoir pas séparé la science de l'art.

La correspondance de Buffon est intéressante parce qu'elle nous montre l'énergie et l'attention qu'il apportait à son œuvre. On y voit le savant au travail, mais on y trouve aussi l'homme dont la sensibilité était plus grande qu'on ne l'imagine d'ordinaire.

LETTRE XVIII

A MONSIEUR DE PUYMAURIN[1]

Au Jardin du roi[2], le 16 janvier 1762.

J'ai reçu, Monsieur, la petite caisse que vous avez eu la bonté de m'envoyer par la messagerie de Toulouse, et il faut que vous me permettiez de me plaindre de ce que vous en ayez payé le port[3]. C'était bien assez de la chose même, sans augmenter encore vos dons de l'argent qu'il vous en a coûté. Ces pétrifications m'ont fait grand plaisir, et tiendront bien leur place au Cabinet du roi, où nous en avons déjà quelques-unes de semblables. La composition de l'ivoire, qui est par fibres croisées, à peu près comme les mailles des bas, est très reconnaissable dans les morceaux que vous

---

1. Nicolas-Joseph de Marcassus, baron *de Puymaurin*, né à Toulouse en 1718, mort en cette ville en 1791. Musicien défenseur de la musique italienne, peintre, économiste, membre de l'académie des sciences de Toulouse; 2. L'actuel Jardin des plantes; 3. Le destinataire payait ordinairement le port des lettres et celui des colis.

m'avez envoyés. L'épaisseur des couches qui se séparent les unes des autres est aussi très bien marquée, et en les comparant avec d'autres on pourra en tirer des indications sur l'accroissement annuel des défenses de l'éléphant. Je ne puis donc, Monsieur, vous remercier assez de ce présent; mais je ne voudrais pas vous engager à vous défaire en ma faveur de ce qui vous reste, à moins que vous n'ayez la bonté de me demander en échange les choses qui pourraient vous être agréables. Il est singulier que ces défenses d'éléphant se soient trouvées à si peu de profondeur; elles ont apparemment été roulées et entraînées avec les terres du sommet du coteau, où il est vraisemblable qu'elles étaient autrefois plus profondément enterrées. On trouve de ces défenses fossiles dans plusieurs provinces de l'Europe, et jusqu'en Sibérie. A l'égard des cornes de cerf, elles sont très communes dans cet état de pétrification et il n'est pas étonnant qu'on en trouve dans le pays de Comminges[1] et dans les contrées adjacentes, quoiqu'il y ait plus de deux cents ans que cette race d'animaux y soit détruite; c'est probablement parce qu'on y a, depuis ce même temps, détruit les forêts et défriché les terrains couverts de bois. On voit par le traité de Gaston Phœbus, comte de Foix[2], que de son temps le cerf y était commun et qu'il y avait même alors des rennes en France[3], puisqu'il donne la manière de les chasser, et qu'il en fait un article particulier sous le titre de « Chasse du rangier ». Cependant, les rennes rangiers sont aujourd'hui relégués bien loin de nous, et ne se trouvent guère qu'en Laponie et au-delà du cinquante-cinquième degré de latitude nord.

Je ne puis, Monsieur, que vous offrir mes services, et vous assurer de la reconnaissance et du respect avec lesquels j'ai l'honneur d'être, Monsieur, votre très humble et très obéissant serviteur.

---

1. Le *pays de Comminges* fut réuni à la couronne en 1453 après l'extinction de la descendance des comtes de Comminges. Il comprenait une partie des départements actuels du Gers, de l'Ariège, et de la Haute-Garonne; 2. *Gaston III*, comte de Foix et vicomte de Béarn (1331-1391). Il a écrit un livre intitulé *Miroir de Phœbus : des déduits de la chasse des bêtes sauvages et des oiseaux de proie.* Il semble que cet ouvrage ait fait attribuer au mot « Phœbus » le sens de « style obscur et ampoulé », qu'il a longtemps gardé; 3. Débris fossiles découverts dans le sable entre des blocs de grès à Étampes et à Brengues (Lot), dans une caverne; ces débris se rapportent à une espèce très voisine du renne actuel. Rappelons que Jules César est le premier à avoir, dans ses *Commentaires,* donné une description du renne.

LETTRE XIX

À GUYTON DE MORVEAU[1]

Montbard[2], le 26 juin 1772.

Puisque vous faites construire, Monsieur, un miroir[3] composé de glaces planes et mobiles en tous sens, je puis vous épargner une partie de la dépense en vous donnant un assez grand nombre de montures qui peuvent porter des glaces depuis quatre pouces en carré jusqu'à un pied. Ces montures sont à Paris, et, je crois, au nombre de cent quarante ou cent cinquante; c'est ce qui me reste de trois cents que j'avais fait faire, et dont j'ai donné le surplus à des personnes qui, comme vous, Monsieur, ont voulu faire exécuter ce miroir. On s'en est servi utilement pour l'évaporation des sels, et cela coûte en effet beaucoup moins qu'un bâtiment de graduation[4].

N'ayez, je vous supplie, Monsieur, aucune répugnance à accepter l'offre que je prends la liberté de vous faire. Si ces montures vous sont superflues, vous en serez quitte pour les remettre au cabinet de physique de l'académie de Dijon dont j'ai l'honneur d'être honoraire avec vous, et cette marque d'attention de notre part ne pourra déplaire à nos confrères. Mais je suis persuadé que ces montures que je vous offre étant faites en fer et en cuivre et de manière à pouvoir être placées sur toutes sortes de châssis, elles vous seront utiles; et dans ce cas je vous demande en grâce de les

1. Louis-Bernard *Guyton de Morveau* (1737-1816), membre du parlement de Bourgogne depuis 1762. Il eut un rôle important sous la Révolution et sous l'Empire. Physicien et chimiste, Buffon l'associe à ses travaux quand il s'occupe de son *Histoire des minéraux* ; 2. Dans la Côte-d'Or, à 18 kilomètres au nord de Semur, pays natal de Buffon. En 1742, il avait acheté le château qu'il fit en partie reconstruire et qu'il entoura de magnifiques jardins; 3. Buffon, dans son *Histoire des minéraux*, rappelle que l'invention d'Archimède, réduisant en cendres la flotte ennemie à Syracuse à l'aide d'un miroir, fut longtemps considérée comme véridique, mais que Descartes la mit en doute. Buffon a fait l'expérience, et il écrit : « Les miroirs d'Archimède peuvent servir en effet à mettre le feu dans des voiles de vaisseaux, et même dans le bois goudronné, à plus de 150 pieds de distance; on pourrait aussi les employer contre les ennemis en brûlant les blés et les autres productions de la terre. Cet effet, qui serait assez prompt, serait très dommageable; mais ne nous occupons pas des moyens de faire du mal, et ne pensons qu'à ceux qui peuvent procurer quelque bien à l'humanité. » Le roi avait assisté à l'une des expériences de Buffon (1747); 4. La *graduation* est une opération qui consiste à faire subir aux solutions salées un commencement de concentration.

regarder comme vôtres. Je suis trop âgé, j'ai les yeux trop
affaiblis pour que je puisse jamais faire de nouvelles expériences en ce genre; il y en a néanmoins auxquelles j'ai
grand regret et que vous serez en état de faire réussir. Par
exemple, je me suis aperçu qu'en faisant tomber les rayons
du soleil concentré par cent quatre-vingts glaces à quarante
pieds de distance et en y exposant de vieilles assiettes d'argent que je voulais fondre et que j'avais bien fait nettoyer,
elles ne laissaient pas de fumer abondamment et longtemps
avant de fondre[1]. J'aurais voulu recueillir cette matière
volatile et peut-être humide qui sort de ce métal par la
seule force de la lumière, en mettant au-dessus un chapiteau[2] et le petit appareil nécessaire pour condenser cette
vapeur; et je me proposais de faire dessécher ainsi l'argent
tant qu'il aurait fourni des vapeurs; après quoi je me persua-
dais qu'il ne resterait qu'une chaux ou une terre peut-être
différente du métal même, ce qui serait une espèce de
calcination[3].

Je sais qu'on regarde en chimie les métaux parfaits
comme incalcinables; mais je me suis toujours défié de ces
exclusions absolues, et je me persuade que, si l'on n'a
calciné ni l'or ni l'argent ni le platine, ce n'est pas réellement
qu'ils soient incalcinables, mais qu'on n'a pas trouvé le
moyen convenable d'y appliquer le feu. Si je pouvais espérer,
Monsieur, d'avoir bientôt la satisfaction de vous voir, j'aurais un grand plaisir à vous communiquer mes idées et à vous
faire part du peu que j'en ai déjà rédigé. L'histoire naturelle
générale et l'histoire particulière des animaux et des oiseaux
m'ont pris bien des années, et, jusqu'ici, je n'ai pu travailler
à celle des minéraux qu'à bâtons rompus et de loin en loin.
C'est ce qui fait que je ne pourrai publier de si tôt cette
histoire des minéraux, et que sur certains articles j'aurais
grand besoin des conseils des gens éclairés comme vous,
Monsieur[4].

Quelqu'un m'a dit que vous pourriez venir de nos côtés
pendant ces vacances. J'en serais enchanté, et, fussiez-vous à
plusieurs lieues de distance, j'irais moi-même vous chercher

---

1. « On s'est depuis pleinement convaincu que cette fumée était vraiment
une vapeur métallique; elle s'attachait aux corps qu'on lui présentait et en
argentait la surface. » *(Histoire des minéraux)* ; 2. *Le chapiteau* est proprement
la partie supérieure d'un alambic; 3. Cette idée n'a pas reçu confirmation;
4. Buffon eut en Guyton de Morveau un collaborateur précieux : Guyton
vint souvent à Montbard, où il avait à sa disposition un vaste laboratoire.

si ma santé me le permettait. Elle n'est pas assez rétablie pour que je puisse me livrer à une application suivie.

J'ai l'honneur d'être, avec un très sincère et très respectueux attachement, Monsieur, votre très humble et très obéissant serviteur.

Lettre XX

A L'ABBÉ BEXON[1]

Montbard, le 12 août 1781.

J'ai reçu avec grand plaisir votre lettre, mon très cher abbé, et je vous ferai mon compliment quand vous serez tout à fait quitte de cette nomenclature, et même de ces descriptions d'oiseaux qui sont bien ennuyeuses. Je vous ai renvoyé les cahiers de concordance[2] des tomes VI et VII, mais Trécourt n'a pas encore eu le temps de transcrire celle du tome VIII. Le tout ensemble, même y compris le tome IX, ne fera guère que deux cent cinquante pages d'impression à deux colonnes : ainsi nous avons de la marge pour placer les articles du cygne et des autres oiseaux d'eau qui doivent terminer l'ouvrage, et il faut tâcher de nous en débarrasser le plus tôt qu'il vous sera possible, car il ne reste guère que cent pages à imprimer dans le second volume du supplément aux quadrupèdes, et il est nécessaire, pour que l'imprimerie ne cesse pas, de livrer de la copie du neuvième volume des oiseaux tout au plus tard dans sept semaines ou deux mois. C'est donc l'article du cygne qui presse, parce qu'il doit précéder celui de l'oie[3], qui est déjà fait; après quoi viendront les canards, etc. Lorsque vous aurez un article de fait, je vous prie de me l'envoyer ici, car j'aurai trop peu de temps à Paris pour m'en occuper autant que je le désirerais; et d'ailleurs je ne sais plus si je pourrai arriver comme je comptais vers le 20 septembre. On a découvert une carrière sous mon logement[4], à laquelle

1. *Bexon* : collaborateur de Buffon; il lui fut d'un grand secours. Il était travailleur et observateur patient (1748-1784); 2. Les tables des matières; 3. C'est dans ce chapitre que se trouve la phrase bien connue : « L'oie nous fournit cette plume délicate sur laquelle la mollesse se plaît à reposer, et cette autre plume, instrument de nos pensées, avec laquelle nous écrivons ici son éloge »; 4. Une partie de Paris (la montagne Sainte-Geneviève et le quartier Saint-Jacques) est bâtie sur des catacombes. En 1774 et 1778, il y avait eu des accidents.

on travaille pour le mettre en sûreté, et cet ouvrage sera peut-être plus long que je ne le voudrais. Il se pourrait donc que je fusse forcé de retarder mon départ jusqu'au 10 octobre, et le volume des quadrupèdes sera certainement achevé avant ce temps. Il suffirait que j'eusse l'article du cygne pour le livrer à l'impression avec ceux de l'oie et rien n'arrêterait.

J'ai eu un rhume qui m'a fort incommodé d'abord et qui m'a duré près d'un mois; cependant je n'en ai pas moins travaillé souvent plus de huit heures par jour, et vous verrez mes minéraux[1] bien avancés. J'en ai maintenant deux volumes et demi, dont je suis assez content, mais sur lesquels vous pourrez me faire quelques bonnes observations[2].

Soignez donc votre santé[3]. Ce n'est point le travail paisible qui l'altère; du moins je vois par mon expérience que la tranquillité du cabinet me fait autant de bien que le mouvement du tourbillon de Paris me fait mal.

J'ai reçu hier des nouvelles de mon fils[4], datées de Gottingue. Il s'est toujours bien porté, et aurait en effet dû vous écrire; mais la jeunesse ne pense pas à tout et la paresse empêche plus de la moitié de tout ce qui sera convenable.

J'ai eu des nouvelles de la santé de M. et Mme de la Billarderie par une lettre qu'elle a écrite à Mme de La Rivière; s'ils sont toujours à Paris, faites-leur de ma part les amitiés les plus tendres et les respects les plus sincères. Je vous dis la même chose pour votre aimable sœur et pour votre chère maman; vous en prendrez aussi telle part qu'il vous plaira pour vous. Adieu mon cher ami.

---

1. Le livre consacré aux minéraux; 2. Buffon n'était jamais entièrement satisfait de ce qu'il écrivait, et il consultait souvent ses amis; 3. L'abbé Bexon devait mourir à trente-six ans, trois ans après cette lettre; 4. Né en 1764. Son père le destinait à sa charge d'intendant du Jardin du roi, mais il embrassa la carrière des armes et, à seize ans, il servait dans le régiment des gardes-françaises. Buffon avait fait voyager son fils. En 1781, il le confia au chevalier de La Marck, qui l'emmena en Allemagne et en Hollande : durant ce voyage, il vit les souverains d'Autriche et de Prusse. Il était loin d'avoir la valeur de son père, et Rivarol a dit de lui : « C'est le plus pauvre chapitre de l'*Histoire naturelle* de son père ».

CARON DE BEAUMARCHAIS

INTRODUCTION

Ce nom, Caron de Beaumarchais, évoque pour nous l'auteur de ces comédies inimitables et toujours jeunes qui ont titre *le Barbier de Séville* et *le Mariage de Figaro*. Il évoque, après ces chefs-d'œuvre, les *Mémoires* qui faisaient l'admiration de Voltaire. On pense aussi à l'homme d'affaires, à l'aventurier. Mais se souvient-on de l'épistolier ?

Et, pourtant, la correspondance de Beaumarchais présente un bien grand intérêt. Nous connaissons mieux, par elle, une nature d'ailleurs assez énigmatique. Nous pénétrons, grâce à ses lettres, dans la vie quotidienne de l'auteur, vie plus chargée d'événements que de sentiments, vie active qu'inspirent une imagination et une audace également admirables!

Nous renvoyons pour la biographie de l'auteur aux éditions de ses pièces dans cette même collection, particulièrement au *Mariage de Figaro*, publié par M. Pierre Richard, qui, depuis, a écrit sur Caron de Beaumarchais un livre excellent.

Lettre XXI

AU MERCURE[1]

15 novembre 1753[2].

J'ai lu, Monsieur, avec le dernier étonnement, dans votre numéro de septembre 1753, que le sieur Lepaute[3], horloger au Luxembourg, y annonce comme de son invention un nouvel échappement de montres et de pendules qu'il dit avoir eu l'honneur de présenter au roi et à l'Académie.

---

1. Fondé en 1672 par Visé, sous le titre de *Mercure galant* : il devint par la suite *Mercure de France*. C'était une revue et un journal universel; 2. *Mercure de France*, décembre 1753; 3. Jean-André *Lepaute* : horloger fort habile qui construisit la plupart des horloges des grands édifices parisiens : il est l'inventeur d'une foule de perfectionnements. Il était logé au palais du Luxembourg où son ami Lalande avait son observatoire. Sa femme était une excellente mathématicienne.

Il m'importe trop, pour l'intérêt de la vérité et celui de ma réputation, de revendiquer l'invention de cette mécanique, pour garder le silence sur une telle infidélité.

Il est vrai que, le 23 juillet dernier, dans la joie de ma découverte, j'eus la faiblesse de confier cet échappement au sieur Lepaute, pour en faire usage dans une pendule que M. de Julienne lui avait commandée et dont il m'assura que l'intérieur ne pourrait être examiné de personne, parce qu'il y adaptait le remontoir à vent[1] qu'il avait imaginé, et que lui seul aurait la clef de cette pendule.

Mais pouvais-je me persuader que le sieur Lepaute se mît jamais en devoir de s'approprier cet échappement, qu'on voit que je lui confiais sous le sceau du secret? Je ne veux point surprendre[2] le public, et mon intention n'est pas de le ranger de mon parti sur un simple exposé; mais je le supplie instamment de ne pas accorder plus de créance au sieur Lepaute, jusqu'à ce que l'Académie[3] ait prononcé entre nous deux, en décidant lequel est l'auteur du nouvel échappement. Le sieur Lepaute semble vouloir éluder tout éclaircissement en déclarant que son échappement, que je n'ai pas vu, ne ressemble en rien au mien; mais, sur l'annonce qu'il en fait, le juge qu'il y est en tout conforme pour le principe, et si les commissaires que l'Académie nommera pour nous entendre contradictoirement y trouvent des différences, elles ne viendront que de quelques vices de construction qui aideront à déceler le plagiaire.

Je ne mets au jour aucune de mes preuves; il faut que nos commissaires les reçoivent dans leur première force; ainsi, quoi que dise ou écrive contre moi le sieur Lepaute, je garderai un profond silence jusqu'à ce que l'Académie soit éclaircie et qu'elle ait prononcé.

Le public judicieux voudra bien attendre ce moment; j'espère cette grâce de son équité et de la protection qu'il donne aux arts[4]. J'ose me flatter, Monsieur, que vous voudrez bien insérer cette lettre dans votre prochain journal.

---

1. Il s'agit d'une pendule entretenue en mouvement par un courant d'air; 2. *Surprendre* : induire en erreur, tromper. Le *Dictionnaire de l'Académie* (1694) cite comme exemple : « Ce discours est captieux et propre à surprendre »; 3. L'Académie des sciences. Beaumarchais lui avait envoyé son rapport deux jours avant. On trouvera ce rapport dans : Beaumarchais, *Lettres de jeunesse*, publiées par Louis Thomas, de Boccard, éd. (1923, pp. 10 et sq.); 4. *Arts :* au sens large, toutes les formes de l'activité humaine.

Lettre XXII

A MONSIEUR DUBUCQ[1]

Paris, ce 30 avril 1766.

Je ne suis pas connu de vous, Monsieur, et je n'ai l'honneur de vous connaître que de réputation. Ce sont là d'assez étranges titres pour vous solliciter des grâces. Mais tout ce que j'entends m'encourage. Le public vous reconnaît de l'esprit, des lumières[2], une littérature[3] profonde, une grande sagacité dans les affaires. Il n'y a rien là encore pour moi. Mais vos amis ajoutent que vous avez le cœur droit, l'âme sensible et que vous obligez les malheureux autant que vous le pouvez. Ces dernières notions me suffisent, et c'est par là que je prétends vous entamer[4].

Un pauvre garçon nommé Ambroise Lucas, dont tout le crime est d'avoir le teint presque aussi basané que la plupart des hommes libres d'Andalousie et de porter des cheveux bruns naturellement frisés, de grands yeux noirs et des dents fort belles, ce qui est pourtant bien pardonnable, a été mis en prison à la réquisition d'un homme un peu plus blanc que lui, qu'on appelle M. Chaillon, qui avait à peu près le même droit de propriété sur le basané que les marchands israélites acquirent sur le jeune Joseph lorsqu'ils l'eurent payé à ceux qui n'avaient nul droit de le vendre[5]. [...] Le malheureux pour lequel je suis à vos genoux a été berné[6] pendant six ans de l'espoir prochain de sa liberté. J'ai eu l'occasion de reconnaître qu'il était un excellent sujet. J'ai fait auprès de son maître toutes les démarches permises pour obtenir que le pauvre basané rentrât dans la classe des hommes utiles et libres, ce dont ses talents, la douceur de ses mœurs le rendent très digne. Le maître faisait de cela une affaire de calcul, moi un plaisir d'honnête homme.

---

1. *Dubucq* : chef des bureaux de la marine; 2. Des connaissances; 3. Le *Dictionnaire* de Furetière (1690) définit ce mot : « Doctrine, connaissance profonde des lettres »; 4. *Vous entamer* : avoir prise sur vous; 5. L'ironie de Beaumarchais est voisine de celle de Voltaire : Joseph, fils de Jacob, vendu par ses frères, devint ministre du pharaon d'Égypte; 6. *Berner*, c'est faire sauter quelqu'un en l'air dans une couverture. Voiture écrit : « Je fus berné vendredi après dîné, pour ce que je ne vous avais pas fait rire. » *Lettre IX*. — Sens dérivé : déçu dans son espoir.

Enfin, Monsieur, je me confesse à vous, j'ai promis cinquante louis si l'on donnait la liberté à celui qui, n'ayant jamais fait que des actes honnêtes, était esclave et prisonnier. De ce moment M. Chaillon s'est joint à moi pour le redemander au ministre. Malheureusement pour le malheureux et (c'est toujours comme ça) des querelles étrangères à lui arrêtent la justice et la bonté de M. le duc de Choiseul[1], et moi, Monsieur, j'implore votre compassion et votre bienfaisance. S'il est vrai que tous les hommes à couleur brune qui sont en France doivent être vendus aux marchés publics, je vous supplie que ce malheureux qui n'est que jaunâtre, soit excepté de la proscription générale. Depuis longtemps M. le duc de La Vallière[2] m'avait donné une lettre pour vous, Monsieur, que je joins à celle-ci. Il est venu lui-même avec moi chez le lieutenant de police et devait en parler à M. le duc de Choiseul, mais je suis resté tranquille dans l'espoir que M. Chaillon agirait encore plus efficacement que moi. Il vient de me dire qu'il est à bout de voies[3]. Je suis dans mon lit avec la fièvre et :

> Tandis que, pauvre malheureux,
> Étendu dans mon lit j'avale
> A longs traits les juleps[4] affreux[5]
> Dont mon médecin me régale,

un autre plus misérable que moi gémit en prison. Je suis donc forcé de vous écrire ce que j'irais vous demander moi-même sans cet obstacle désagréable. Je respecte la raison d'État qui permet que les noirs souffrent et travaillent pour le bien des blancs. Mais ceci est un cas tout privilégié : ce pauvre basané a tous les avant-goûts de la liberté. On peut même dire qu'il en a senti les premiers chatouillements[6]. Il pense, il est sensible, il m'écrit de la prison des lettres qui font fondre en larmes toute ma maison. Père, sœurs, domestiques, tout le monde me presse d'agir pour

1. Il fut ministre de 1758 à 1770, date de sa disgrâce. Voir les *Lettres* de Mᵐᵉ de Choiseul; 2. Petit-neveu de la maîtresse de Louis XIV, grand fauconnier de la couronne. Il réunit une bibliothèque importante; 3. Métaphore empruntée à la vénerie : l'expression se dit des chiens qui s'arrêtent court, ne trouvant plus la suite de la trace du gibier; 4. *Julep :* on désigne ainsi une potion composée d'eau, de gomme et d'un remède actif. Le terme vient de Perse par l'intermédiaire de l'arabe. Potion calmante; 5. Du sens de « qui épouvante », on passe facilement à celui de « laid à faire peur », puis à celui de laid. Cf. Racine : *Britannicus*, v. 291 : « De mille affreux soldats, Junie environnée... »; 6. *Chatouillements*, sans nuance péjorative : plaisir délicat et sensible.

lui; à moi-même il m'a inspiré un attachement qui n'a besoin d'être échauffé par aucun autre motif. Je crois voir en lui un homme qui les servira toute sa vie de reconnaissance et de cœur. Et vous savez, Monsieur, si un domestique attaché est une chose désirable. Je voudrais que beaucoup plus d'argent fût un moyen de le ravoir; je ne vous importunerais pas de ce bavardage. [...]

Lettre XXIII

MESSIEURS LES COMÉDIENS FRANÇAIS[1]

Paris, le 24 novembre 1777.

J'ai reçu, Messieurs, l'état que vous m'avez envoyé des frais et produits du *Barbier de Séville*[2], avec la lettre polie de M. des Essarts qui l'accompagne. Je vous en fais mes remerciements. Mais vos préposés aux relevés, qui forment cet état, ont oublié de le certifier véritable, et sans cette précaution vous sentez que tout état est plutôt un aperçu qu'un compte en règle. Je vous serai fort obligé de vouloir bien le faire certifier et me le renvoyer. M. des Essarts qui fut praticien[3] avant d'être comédien du roi vous assurera que ma demande est raisonnable.

Pour faire cesser le mauvais bruit qui court d'un procès idéal[4] entre nous, vous devriez, Messieurs, mettre dans votre prochain répertoire, un beau jour, *le Barbier de Séville* : c'est le plus sûr moyen de discréditer les propos et de nous venger innocemment de vos ennemis et des miens.

J'ai l'honneur d'être, avec toute la considération possible, Messieurs, votre très humble et très obéissant serviteur.

1. Par une lettre en date du 8 février 1777, il avait réclamé aux comédiens français le règlement de son compte d'auteur. Rappelons que la pièce reçue en 1772, interdite en 1774, fut jouée en 1775; 2. Un document de même nature est aux archives de la Comédie-Française : l'acquit de Beaumarchais porte ces mots : « J'ai reçu la somme de onze mille deux cent vingt-neuf livres, quatre sols, cinq deniers de la Comédie-Française pour les honoraires échus d'auteur du *Barbier de Séville* dont quittance à Paris ce 21 décembre 1780 »; 3. *Praticien* : « celui qui sait bien le style, l'usage du barreau, les formes, les procédures et les règlements de la justice » Furetière, 1690; 4. *Idéal* : supposé, faux. Le mot « idée » avait encore au XVIIe siècle le sens de « apparence, chimère ».

BERNARDIN DE SAINT-PIERRE

INTRODUCTION

Nous renvoyons pour la biographie de l'auteur (1737-1814) à notre édition, dans cette même collection, de *Paul et Virginie*.

L'homme n'apparaît pas dans ses grandes œuvres, ou plutôt il apparaît tout autre qu'il n'était réellement. Ses lettres nous le révèlent : caractère irascible, éternel mécontent, quémandeur orgueilleux et pourtant tenace, aventureux par ambition, chimérique. Puis, quand les difficultés de la vie s'aplanissent, devenu moins nerveux et moins irritable, il se laisse aller à un optimisme et à une sentimentalité également insupportables. Cependant, nous trouvons toujours dans les grandes œuvres et dans la correspondance un même amour de la nature et de l'humanité, et aussi le même art de peindre en phrases harmonieuses.

LETTRE XXIV

A MONSIEUR HENNIN[1]

Au Port-Louis, de l'île de France, ce 3 août 1768.

Je me hâte de vous rendre compte des principaux événements de mon voyage par le vaisseau *la Paix*, commandé par le capitaine Burlaine, qui doit partir d'ici le 4 août pour se rendre à Lorient.

Nous partîmes du Port-Louis[2] le 3 mars, et le 5 du même mois nous essuyâmes, à la hauteur du cap Finistère, un coup de vent qui nous mit en danger et nous inquiéta pour l'avenir, car nous nous aperçûmes que le vaisseau gouvernait mal. Un coup de mer, qu'on ne put éviter sur le gaillard d'avant, rompit quelques barreaux du pont[3], enleva la petite chaloupe, et emporta le maître d'équipage avec trois matelots ; un seul fut sauvé dans les hauts bancs où la mer le rejeta après lui avoir fracassé la main et l'épaule.

1. *M. Hennin* (1728-1802) : diplomate qui devint premier commis aux Affaires étrangères ; 2. *Port-Louis*, près de Lorient. Le vaisseau était le *Marquis-de-Castries*. « Sa poupe était trop renflée dans l'eau, ce qui détruisait l'action du gouvernail. » (*Voyage à l'Ile de France.*) [Nous désignerons désormais cet ouvrage par le sigle V.] Cf. notre édition de *Paul et Virginie* ; 3. « La lame, en tombant sur le vaisseau, avait brisé la poutre qui borde le caillebotis, quoiqu'elle eût dix pouces de diamètre. Elle enfonça une des épontilles ou supports du gaillard d'avant dans le pont inférieur, et en rompit une des traverses. » (V)

Nous eûmes les vents favorables jusqu'aux Canaries. Nous passâmes au milieu, et nous vîmes Gomère, Palme, l'île de Fer, et au loin le célèbre pic de Ténériffe[1]. Je dessinai la vue de ces îles fortunées où il n'était pas permis de descendre; enfin, deux mois après notre départ, nous passâmes la ligne[2] sans avoir éprouvé d'autres inconvénients que des calmes sans chaleurs extraordinaires. Le 22 juin nous nous trouvions presque nord et sud de Madagascar[3], lorsque nous essuyâmes une tempête affreuse. A minuit, un coup de mer enfonça les sabords de trois[4] fenêtres de la grande chambre, et y jeta plus de vingt barriques d'eau. A deux heures et demie du matin, nous entendîmes trois coups de tonnerre à deux minutes d'intervalle; le dernier fit le bruit d'un coup de canon de vingt-quatre tiré à portée de pistolet. Aussitôt nous sentîmes dans la grande chambre une forte odeur de soufre. Je montai en haut où l'on venait d'appeler tout l'équipage. Le grand mât était brisé en cinq ou six endroits, le mât de perroquet avait été emporté; il ne restait plus qu'un tronçon du mât de hune. On examina partout, dans la crainte que le feu ne se fût communiqué au vaisseau, mais on n'aperçut aucune trace de noirceur ni même d'odeur dans les crevasses du grand mât où la foudre avait passé[5].

Le matin du 23, le vent devint si violent que le peu de voiles nécessaires pour gouverner fut emporté. Nous restâmes vingt-quatre heures en travers, à sec, ballottés par une mer affreuse; le beau temps revint, et nous vînmes à bout de fortifier le grand mât. Enfin nous arrivâmes le 14 juillet, à l'île de France, malgré le scorbut qui nous enleva neuf hommes, et mit tous les matelots, à l'exception de sept, hors de service. Les passagers et les officiers faisaient la manœuvre. [...].

1. « La vue de ces terres, situées sous un si beau climat, nous inspira bien des vœux inutiles. Nous comparions le repos, l'abondance, l'union et les plaisirs de ces insulaires à notre vie inquiète et agitée. Peut-être en nous voyant passer, quelque malheureux Canarien, sur un rocher brûlé, faisait des vœux pour être à bord d'un vaisseau qui cinglait à pleines voiles vers les Indes Orientales. » (V); 2. « Le 11 [avril], on fit la cérémonie du baptême. On rangea les principaux passagers le long d'un cordon, les pouces attachés avec un ruban. On leur versa quelques gouttes d'eau sur la tête. On donna ensuite quelque argent aux pilotes. Le 13, nous passâmes la ligne. La mer paraissait, de nuit, remplie de grands phosphores lumineux. » (V); 3. Dans le canal de Mozambique; 4. « Quatre fenêtres des cinq de la grande chambre. »(V); 5. « Au point du jour, je remontai sur le pont. On voyait au ciel quelques nuages blancs, d'autres cuivrés. Le vent venait de l'ouest, où l'horizon paraissait d'un rouge ardent, comme si le soleil eût voulu se lever dans cette partie; le côté de l'est était tout noir. » (V).

DUCIS

INTRODUCTION

Ducis fut le représentant le plus remarquable de la tragédie shakespearienne dans la deuxième moitié du siècle. L'adaptation d'*Hamlet* (1769) fut un véritable succès. Il y eut ensuite *Roméo et Juliette* (1775), *le Roi Lear* (1783), *Macbeth* (1784), *Othello* (1792). Mais Ducis manquait de hardiesse et il ne connaissait pas l'anglais!

Ce grand lecteur des œuvres de l'antiquité et surtout d'Homère a écrit deux pièces d'inspiration classique : *Œdipe chez Admète* (1778) et *Œdipe à Colone* (1797).

Mais ce qu'il y a de plus attachant chez Ducis, c'est l'homme. Il fut toujours fidèle à lui-même, et n'accepta aucune compromission. Religieux dans un siècle « philosophique », refusant du Premier consul d'abord, de l'empereur ensuite, toute place et toute distinction, il fait figure d'incorruptible, et la république, qu'il appelait de ses vœux, devait être, elle aussi, fondée sur une vertu austère. (*Œuvres posthumes.*)

LETTRE XXV

A BERNARDIN DE SAINT-PIERRE

Versailles, le 1er nivôse an VIII.

Cette lettre est pour vous seul[1], mon cher ami. Je commence par vous plaindre[2], par mêler ma douleur avec la vôtre sur la haute perte que vous venez de faire. Hélas, c'est au même âge que j'ai aussi perdu ma tendre femme, ma première, la mère de mes enfants, âme pure et sensible que je regretterai jusqu'au dernier soupir. Puissiez-vous, mon cher ami, être plus heureux que moi, et ne pas voir encore s'éteindre et mourir sous vos yeux paternels les deux enfants qui vous restent de votre chère Félicité! Tel a été mon sort, après avoir élevé et marié les miens. J'ai bien pu dire : *Anima mea defecit in gemitibus*[3]. Il ne me reste

---

1. Son objet est de demander à Bernardin de Saint-Pierre d'agir auprès du Premier consul, de Larevellière-Lépeaux, du peintre David, pour que la dignité de sénateur ne lui soit pas conférée; 2. De la mort de sa première femme : elle laissait deux enfants, l'un de quatre ans, l'autre de huit mois, Paul et Virginie; 3. « Mon âme s'est consumée dans les pleurs. »

plus, mon cher ami, que quelques années peu heureuses,
qui attendent les infirmités d'une vieillesse plus avancée.
Avant que j'en aie vu s'écouler quatre, je serai septuagénaire :
ce mot ne me fait pas peur, mais il me console.

On m'a dit que vous veniez d'être nommé membre du
sénat conservateur dans notre nouvelle Constitution[1]. J'en
suis bien aise pour ma patrie; et, si cela vous convient,
recevez-en mon compliment très sincère. Quant à moi, j'ai
bien pris mon parti; ma résolution est inébranlable : si on
me fait l'honneur de songer à moi, ma lettre de remerciement est déjà prête; je n'aurai plus qu'à la signer. Je pourrais
dire comme Corneille, en reconnaissant la distance infinie
qui me sépare de lui comme poète :

> Mon génie au théâtre a voulu m'attacher;
> Il en a fait mon fort, je dois m'y retrancher,
> Partout ailleurs je rampe, et ne suis plus moi-même.

Il m'est impossible de m'occuper d'affaires : elles me
répugnent; j'en ai horreur. Le mot de « devoir » me fait
frémir. Si j'étais chargé de grandes et hautaines[2] fonctions,
je ne dormirais pas. Mon âme se trouble subitement; ma sensibilité est pour moi un supplice. Mes principes religieux
me rendraient plus propre à une solitude des déserts de la
Thébaïde[3] qu'à toute autre condition. J'aime, comme vous,
à voir la nature avec goût, avec amour, avec un œil pur et
sensible, et cet œil, qui est ma lumière et mon trésor, je le
sens s'éteindre et m'échapper lorsque je mets le pied dans
le monde. Si j'étais le maître de choisir, en me supposant
ambitieux, je ne voudrais ni du sceptre des rois, ni des
faisceaux consulaires[4]. Je suis catholique, poète, républicain
et solitaire : voilà les éléments qui me composent et qui ne
peuvent s'arranger avec les hommes en société et avec les
places. Je vous donne ma parole d'honneur, mon cher ami,
que j'aimerais mieux mourir tout doucement à Versailles,
dans le lit de ma mère, pour être déposé ensuite auprès
d'elle, que d'accepter la place de sénateur. Je n'aurai qu'une

---

1. Celle de l'an VIII. Le sénat conservateur fut recruté pour la premièr;
fois par les consuls : il était corps électoral et gardien de la Constitutione
2. *Hautaines* : importantes. Sans idée de fierté arrogante. Ce mot sous la plume
de Ducis est un archaïsme, car déjà, au XVIIᵉ siècle, les dictionnaires lui donnent
un sens péjoratif; 3. Les premiers ermites chrétiens se retirèrent dans le pays
qui s'étend à l'ouest de Thèbes d'Égypte; 4. A cette date, ce n'est pas une
simple métaphore.

physionomie, celle d'un bon homme et d'un auteur tragique
qui n'était pas propre à autre chose. En restant constamment
comme je suis et ce que je suis, je conserve tout ce qui
m'est acquis par l'âge. En me mettant en vue, je me met-
trais en prise[1]. Les serpents lettrés se joindraient aux serpents politiques; les calomnies pleuvraient sur mes cheveux
blancs[2]. Enfin, il y a dans mon âme, naturellement douce,
quelque chose d'indompté qui brise avec fureur et à leur
seule idée les chaînes misérables de nos institutions
humaines[3]. Je ne vis plus, j'assiste à la vie. Je voudrais
quelquefois n'être qu'un œil qui voit; mais j'ai encore mon
âme qui sent; elle est trop jeune, elle ne marche pas avec
son vieux camarade[4] [...] Je vous en conjure encore, qu'on
ne songe pas à faire de moi un sénateur; qu'on laisse le
pauvre ermite[5] dans sa cellule, et dire[6] sur les tombeaux
de ses chères filles, de sa pauvre femme et de la vôtre, ces
grandes paroles : *Vanitas vanitatum et omnia vanitas, praeter
amare Deum et illi soli servire : hoc est enim omnis homo[7].*

1. J'exposerais ma tranquillité; 2. Le goût de Ducis n'est pas toujours sûr;
3. Le naturel n'est pas la qualité dominante du style de Ducis; 4. Fausse simplicité; 5. Retour à la Thébaïde; 6. *Qu'on laisse le pauvre ermite... et dire :* cette
construction est un archaïsme; 7. Ecclésiaste, I, 2 : « Vanité des vanités et tout
est vanité, sauf aimer Dieu et le servir seul : car c'est là tout l'homme. »

MADAME ROLAND

INTRODUCTION

Marie-Jeanne Phlipon naquit à Paris le 18 mars 1754. Son père était graveur, sa mère, Marguerite Bimont, était aussi d'humble origine. A onze ans, Marie-Jeanne qui subissait fortement l'influence de sa mère, obtint qu'on la plaçât au couvent des Dames de la Congrégation, rue Neuve-Saint-Étienne, dans le faubourg Saint-Marcel. Elle y resta un an et se lia avec les deux sœurs Cannet, Henriette et Sophie, originaires d'Amiens, qui seront ses correspondantes et ses amies fidèles.

En 1775, Marie-Jeanne Phlipon perdit sa mère. Pendant quatre ans, elle resta avec son père : mais il était de caractère difficile, et Marie-Jeanne, qui avait alors vingt-cinq ans, loua une petite chambre dans son ancien couvent.

Cependant, un ami des demoiselles Cannet, Roland de la Platière, inspecteur des manufactures, la demanda en mariage, et la cérémonie eut lieu le 4 février 1780. Marie-Jeanne s'attacha à son mari, de vingt ans plus âgé qu'elle, et s'associa à ses travaux.

En 1787, les Roland étaient établis au clos de la Platière, près de Villefranche, dans la généralité de Lyon. Ils se firent remarquer comme des propagandistes ardents des idées nouvelles et entrèrent en relation avec Brissot, qui devait être l'un des chefs du parti girondin. Roland fut en 1791 député extraordinaire de la municipalité de Lyon à l'Assemblée constituante, ministre de l'Intérieur jusqu'au 23 janvier 1793. Roland dut s'enfuir. Il devait se suicider après l'exécution de sa femme. Les montagnards triomphants firent arrêter Mme Roland, qui, successivement, fut enfermée à l'Abbaye, à Sainte-Pélagie, à la Conciergerie. Elle y rédigea ses *Mémoires particuliers*, son *Appel à l'impartiale postérité*, ses *Notes sur son procès* et un *Projet de défense*. Le 8 novembre 1793, elle était conduite à l'échafaud et mourait courageusement.

Marie-Jeanne Phlipon ne reçut pas dans son modeste milieu l'éducation soigneusement surveillée des jeunes filles riches : elle se forma elle-même et choisit ses maîtres. Elle s'enthousiasma pour Plutarque et Tacite; elle lut indifféremment l'Écriture sainte et Voltaire, l'*Iliade* et Buffon. Tout était bon qui satisfaisait son immense appétit de savoir.

Mais c'est Rousseau qui devait avoir sur elle une influence profonde. Elle fond en larmes en le lisant. Elle veut le voir, se rend rue Plâtrière et se heurte à Thérèse Levasseur. Pourtant, *la Profession de foi du vicaire savoyard* ne lui fait pas abandonner le scepticisme total qui avait remplacé pour jamais en elle la ferveur mystique de ses onze ans.

Cette activité intellectuelle débordante, cet amour passionné des arts (elle était musicienne et visitait l'atelier de Greuze), cette étude à laquelle elle se livrait des caractères et des esprits divers, n'étaient qu'un dérivatif : Mme Roland était née pour l'action, et tout, chez elle, tendait vers l'action, tout la préparait à l'action : la Révolution lui ouvrit un champ immense. Elle s'y jeta avec enthousiasme, avec le courage des héros de Plutarque.

Une âme de cette trempe, quand elle s'épanche dans des lettres, ne peut cesser d'être elle-même. Et qu'importe alors que l'expression ne soit pas toujours juste, que la mesure ne soit pas toujours gardée ?

Lettre XXVI

A SOPHIE CANNET

Du 1er janvier 1778 à 11 h du soir.

C'est à toi, ma douce amie, que sera consacré le premier soir de l'année [...]. Hier je sortis, non pour rendre des devoirs, mais pour donner des marques de déférence et d'amitié à Mlle Dp.[1], M. et Mme T.[2] Je me tins au logis l'après-midi pour achever avec l'année quelques ouvrages commencés depuis peu. Occupée solitairement, je me réjouissais du projet de t'entretenir avant de me coucher lorsqu'il m'arriva certain vieillard vénérable, commissionnaire du républicain[3], avec une lettre et un paquet. Ayant ouvert la première, je vis le plus ingénieux mensonge inventé pour me faire accepter ce que contenait le second; c'était une édition complète des œuvres du bon Jean-Jacques. Émue, plutôt que surprise, flattée mais incertaine, presque fâchée d'une attention touchante et généreuse qui me paraissait exiger trop parce qu'elle m'obligeait beaucoup, je cédai vaincue par la délicatesse et répondis sans remercier, en grondant d'y être forcée[4]. Avoir tout Jean-Jacques en sa possession! pouvoir le consulter sans cesse, se consoler, s'éclairer et s'élever avec lui dans tous les moments de la vie, c'est un délice, une félicité qu'on ne peut bien goûter

1. Mlle Desportes, cousine de Mme Roland du côté maternel; 2. Les Trude : cousins de Mme Roland du côté maternel; 3. Moré, horloger à Paris, philosophe, ami de J.-J. Rousseau; 4. Complication du sentiment et du style!

qu'en l'adorant comme je le fais. Dans le moment de l'enthousiasme mes mains prenant tous les volumes les uns après les autres, gardèrent, je ne sais comment, un tome de l'*Héloïse*[1] (ouvrage si ressemblant à mon cœur et que je n'avais lu qu'une fois); avec ce précieux dépôt, je m'enfuis au coin de ma cheminée où je me tapis en silence dans le plus grand recueillement. Par un à-propos que tu trouveras ressembler à une fable j'étais à cette lettre où l'amant de Julie[2] l'entretient des effets de la musique qu'il avait entendue chez milord Édouard[3] lorsque le son flatteur de plusieurs instruments vint frapper mon oreille. Étonnée, hors de moi, j'arrive près de la fenêtre, j'écoute une sérénade charmante composée de clarinettes, de cors de chasse et de bassons[4]. J'aperçus à la lueur des réverbères que les joueurs étaient au bas de la maison voisine. Captivée par une harmonie qui me trouvait si bien disposée, je tombai sur une chaise dans un saisissement de plaisir; je pleurais en écoutant (car il faut jeter des larmes sitôt que les sensations acquièrent une certaine vivacité[5]). Je demeurai longtemps attentive après, quand tout eut cessé de se faire entendre. Au délire enchanteur succédèrent les réflexions douces et tranquilles[6]. [...]

LETTRE XXVII

[Des différends graves qui aboutirent à une rupture momentanée avaient séparé Marie Phlipon et Roland; ces différends avaient pour origine la légèreté et l'inconduite du père de Marie Phlipon.]

A MONSIEUR ROLAND

17 novembre au soir (1779).

Eh bien! sois homme ou chimère. Je me livre aux sentiments que tu m'inspiras, que je croyais follement réprimés et qui me pénètrent plus que jamais : apprends-le.

Triomphe ou plains-moi, et que tout l'univers me blâme,

1. *La Nouvelle Héloïse* (1761); 2. Saint-Preux, précepteur de Julie d'Étanges; 3. Milord Édouard aimait Julie, un duel faillit avoir lieu entre Saint-Preux et lui. Julie intervint à temps, et Milord Édouard s'effaça généreusement; 4. Mme Roland était très musicienne; 5. On n'a jamais autant pleuré que dans les années qui précédèrent la Révolution; 6. Juxtaposition de la raison et du sentiment.

s'il veut; j'y consens. Tu m'as fait retrouver des larmes :
retenues depuis quelque temps, elles se sont échappées
avec une abondance et une rapidité qui ont failli me coûter
cher. Elle ont coulé en partie, je l'avoue, dans le sein de
l'amitié : accompagnées par les siennes et devenues moins
amères, elles ont un peu soulagé mon cœur sans lui rendre
la paix. Oui, je possède une amie fidèle dans ma retraite[1],
j'en distingue une autre au dehors[2] : mais fussé-je sans cesse
dans les bras de l'amitié accablée de tendres soins, je pourrais encore m'y sentir malheureuse. A qui dois-je, hélas!
cette triste faculté? Rends-moi mon indifférence et mon
repos, déteste-moi comme la cause de tes tourments, afin
de m'obliger ainsi... Laisse-moi, du moins, souffrir seule.
Que fais-je? Où suis-je? Qu'es-tu? Je ne sais plus rien.
Adieu, fierté, réserve, observations, je t'aime, je ne sens que
cela, je le dis comme une chose nouvelle. Dans quel état
m'as-tu jetée? serai-je donc tour à tour la dupe de mon cœur
et la victime de mon esprit? O mon ami! que de mal tu
m'as fait! Je suis diverse, dis-tu? Eh! sens comme moi,
sois à ma place, vois, et garde le même ton, si tu le peux.
Il est vrai, je ne saurais attendre de mon père des choses
aussi redoutables et sinistres que tu les imagines[3]; aucun,
même de ses parents, en le connaissant bien et en me conseil-
lant comme ils ont tous fait, n'a voulu se persuader que lui
seul eût fourni les raisons de ton changement. Sa lettre[4] à
leurs yeux ne fut que le produit, condamnable sans doute,
d'une humeur passagère qu'ils ont vue naître et s'apaiser.
Il est incroyable combien la communication qu'ils ont eue
de cette affaire m'a donné de secrètes disgrâces[5] à dévorer.
Jugée de quelques-uns avec une sorte de légèreté, par
d'autres avec un peu d'enthousiasme, objet de leur bonté
mortifiante qui prétendait remettre mon âme en liberté en
l'accusant de faiblesse, j'avais à justifier mon penchant et ta
démarche[6] comme si cette dernière eût été la condamnation

---

1. Roland lui avait écrit le 16 novembre : « Entre plusieurs amies tu en as
une fidèle, constante et sûre, et tu es malheureuse ? » Il s'agit de sœur Sainte-
Agathe, sœur converse de la Congrégation, qui avait connu Marie Phlipon
enfant; 2. Sans doute Sophie Cannet; 3. Roland avait écrit : « L'idée de ton
père me fait trembler pour moi, pour mes parents, et plus encore pour les
futurs, s'il en devait résulter »; 4. Une copie de cette lettre est dans une lettre
de Roland du 5 septembre 1779; 5. Le mot a conservé le sens très fort qu'il
avait au XVIIe siècle : infortune, malheurs. Cf. Racine, *Bajazet*, v. 609 : « La
mort n'est point pour moi le comble des disgrâces »; 6. *Démarche :* manière d'agir.
Cf. La Bruyère, *Caractères*, IX, 35 : « Sentir le mérite et... le bien traiter, deux
grandes démarches..., dont la plupart des grands sont fort incapables. »

de l'autre. Fatiguée, aigrie d'une part, tourmentée de mes propres idées, je me repliai sur le passé pour l'examiner avec une réflexion qui n'a fait que me déchirer. Je me représentai mon père moins coupable et toi trop prévenu à son désavantage; je voulus remonter à l'enchaînement des causes, je crus l'apercevoir; et tantôt outrée de douleur, tantôt gémissante avec attendrissement, je me suis abandonnée aux divers mouvements dont j'étais agitée en t'exprimant successivement ce qu'ils me faisaient éprouver. [...] Combattue cruellement de tous les côtés, j'osai former l'affreux souhait de t'aimer moins et de t'éloigner. Ce souhait du désespoir, plutôt que de la raison, s'éteignit en naissant, après m'avoir préparé un supplice de plus par l'impression que me laisse le souvenir de l'avoir conçu. Tombée dans une espèce d'insensibilité, d'étourdissement ou d'ivresse après ma séparation d'avec mon père[1], j'imaginais avoir recouvré la sorte d'indépendance que je supposais nécessaire à ma tranquillité. Ta lettre, mes pleurs, ont terminé cette suspension[2] que je prenais pour un changement. Soit vertu, faiblesse, penchant, je t'aime de toute l'étendue de mes facultés sans bornes et sans restrictions. Aie tort ou raison dans ta résolution dernière : qu'elle soit le résultat d'une façon de voir trop outrée, d'un sentiment moins vif que le mien, ou du juste aperçu de la vérité, je ne veux ni le savoir, ni l'examiner, ni te le reprocher, ni m'en plaindre; et puisqu'il faut que je t'aime, je ne prétends employer cette affection qu'à mêler à tes souffrances le charme[3] qui peut les adoucir et les éloigner. J'ai tout connu, tout enduré, je m'efforcerais vainement de m'y soustraire; cet attachement nourri de tout ce que les vertus, l'estime et le devoir peuvent fournir de motifs et d'énergie[4], les goûts et l'espérance de rapports et d'attraits, a pénétré la substance de mon âme et ne saurait être détruit qu'en l'altérant elle-même dans ce qu'elle a de plus noble. Non, il ne sera pas dit que tu ne puisses t'avouer dans ton cœur un véritable ami, digne entièrement de ce titre[5]. Je le serai cet ami : j'oublie tout autre relation possible, je ne désire que l'avantage inexpri-

---

1. Marie Phlipon est venue vivre à la Congrégation, rue Neuve-Saint-Étienne, au début de novembre; 2. Nous dirions : cette trêve; 3. *Charme*, au sens étymologique du latin *carmen :* « formule d'incantation magique » employée pour guérir une blessure; 4. *Énergie*. Le mot était d'introduction récente et repoussé par les puristes; 5. Roland lui avait écrit : « Une plus longue et plus funeste expérience me donne lieu de croire n'en avoir point, de vrai ami. »

mable d'alléger pour toi le fardeau de la vie et de rendre
tes jours plus sereins. Comme tu peux encore me faire croire
au bonheur! et quelle félicité de contribuer à la tienne sous
tel titre que ce puisse être! Viens, mon ami, viens à mes
côtés avec confiance : laisse-moi recueillir tes soupirs, tes
larmes, partager tes douleurs et abhorrer tout ce qui pourrait les augmenter. Que ces personnes qui n'ont jamais
connu qu'un sentiment méthodique, calculé sur les circonstances, ignorent la durée de ma tendresse et de mon
dévouement ou qu'elles me fassent l'objet de leur censure
en l'apprenant : mon cœur ne reçoit de loi que de lui-même
et ne connaît pas d'obstacles à ses sentiments. Soulève le
voile obscur sous lequel tu te laisses accabler, souris encore
à l'existence et donne-moi par là le courage de l'aimer. [...]

LETTRE XXVIII

A MONSIEUR BOSC[1]

12 octobre 1785.

Eh! bonjour donc, notre ami. Il y a bien longtemps que
je ne vous ai écrit; mais aussi je ne touche guère la plume
depuis un mois, et je crois que je prends quelques-unes des
inclinations de la bête dont le lait me restaure : j'*asine* à
force et m'occupe de tous les petits soins de la vie *cochonne*
de la campagne[2]. Je fais des poires tapées qui seront délicieuses; nous séchons des raisins et des prunes; on fait des
lessives, on travaille au linge; on déjeune avec du vin blanc,
on se couche sur l'herbe pour le cuver; on suit les vendan-
geurs, on se repose au bois ou dans les prés; on abat les
noix, on a cueilli tous les fruits de l'hiver, on les étend dans
les greniers. Nous faisons travailler le docteur[3], Dieu sait!
Vous, vous le faites embrasser; par ma foi, vous êtes un
drôle de corps.

Vous nous avez envoyé de charmantes relations qui nous
ont singulièrement intéressés; en vérité, vous devriez courir

---

1. *Bosc :* fils d'un médecin du roi; sous le premier ministère Roland, il fut
administrateur des Postes. Premier éditeur des *Mémoires* de Mme Roland;
2. Elle boit du lait d'ânesse et s'occupe des travaux plus ou moins propres
de la campagne; 3. Lanthenas, qui devait être député à la Convention.

toujours pour le plus grand plaisir de vos amis, et surtout ne pas oublier de les visiter.

Adieu; il s'agit de déjeuner et puis d'aller en corps cueillir les amandiers. Salut, santé et amitié par-dessus tout.

Lettre XXIX

A MONSIEUR ROLAND

Villefranche, jeudi 6 septembre 1787.

J'ai le cœur gros de m'entretenir avec toi, je suis pressée de le faire et je laisse toute autre chose pour me livrer à ce plaisir. [...]

Au sortir du dîner[1], le jeune homme[2] était allé aux exercices du collège; le frère[3] m'a fait signe, des yeux, de le suivre dans son cabinet; nous y étions à peine que la mère[4] y est entrée; cela a paru le contrarier, il m'a emmenée dans sa chambre, il en a fermé la porte, et m'a dit d'un ton affectueux : « Ma chère dame, je veux vous faire part de ma résolution; je ne désire rien tant que le bonheur de ce qui m'entoure, je n'ai agi que pour le bien depuis que je me mêle des affaires, et je n'ai ambitionné que de le faire. J'ai vu qu'il vous ferait plaisir et à mon frère de gérer la campagne[5], je vous la cède sans partage. Prenez le domaine du Clos, je vous l'abandonne, et faites-y tout ce que vous jugerez convenable.

« Vous ne m'avez pas encore bien connu; on a pu me supposer des vues particulières, je n'en ai jamais eu d'autres que l'avantage de la famille et je l'ai fait comme je l'ai su, tout de mon mieux. L'intérêt ne me touche point, je suis sensible aux procédés. Puisse mon frère trouver dans ces nouveaux soins[6] et la santé et la satisfaction! » J'étais émue, il avait les yeux plus qu'humides, les miens versaient quelques larmes, et je serrais l'une de ses mains sans dire grand'chose. « Quel prix mettez-vous à cela? ajouta-t-il. — Quant au sentiment, je n'en connais pas, lui dis-je, et mon

---

1. Nous dirions : du déjeuner; **2.** Le fils de Cousin-Despréaux, ami de Roland; **3.** Le frère de Roland; **4.** La mère de Roland; **5.** Le domaine du clos de la Platière, près de Villefranche; **6.** Nouvelles activités : il s'agit de gérer la propriété.

cœur seul pourrait vous répondre; quant à tout autre[1], c'est
à vous de le fixer. — Je demande (la campagne étant l'ali-
ment du ménage[2]) que vous entreteniez celui-ci; voilà ma
seule condition; vous paraît-elle juste? — Oui, mon frère.
— Je me réserve cette maison, reprit-il en indiquant celle
où nous sommes; disposez du reste comme bon vous
semble. Je ferai ces vendanges[3], après lesquelles vous entre-
rez en possession; encore s'il vous faisait bien plaisir[4]
je me retirerais avant. » Je lui dis que nous ne nous en
mêlerions cette fois que pour diminuer sa fatigue et que
nous serions charmés qu'il voulût bien en prendre la peine.
« Eh bien, par votre contrat de mariage, vous deviez jouir
de ce bien après nous; j'avais le dessein de vous le laisser
sitôt après la mort de ma mère; j'aime à avancer cette
jouissance autant qu'il est en mon pouvoir; jouissez, et
connaissez mon cœur. »

On n'a guère de paroles pour répondre à ces choses-là,
aussi en ai-je bien peu proféré; mais il aura jugé ce que je
sentais et il y a beaucoup ajouté par des expressions d'amitié
qu'il m'a répétées d'un ton qui m'a pénétrée[5].

Nous avons ensuite parlé de quelques détails; il vient de
payer les vingtièmes[6], le boucher et le boulanger de la campagne, etc. Je n'ai rien dit des domestiques, ce n'était pas
le moment de calculer de mon côté. « Je me servirai moins
du cheval, a-t-il dit; d'ailleurs la campagne donne une
partie du fourrage; ce sera donc votre affaire. Il y a le
domestique de ma mère... » M. Du Moutier[7] est entré dans
ce moment pour le conduire à l'ouverture qu'on venait de
faire et dont tu sais l'objet; il s'est emparé de sa personne
et nous ne nous sommes pas revus.

Voilà, mon ami, ce que tu n'attendais guère, ni moi non
plus; j'avoue que j'en suis singulièrement touchée et que le
mode y a fait autant que la chose.

Ne devrais-tu pas lui écrire un mot d'amitié? Il me semble
que cela conviendrait. Mais fais-le[8] bien affectueux, pour
qu'il cadre avec sa manière. Tâchons ensuite de vivre avec

1. Elle oppose la valeur « sentimentale » et la valeur « réelle »; 2. Il veut dire
que la campagne fait vivre les habitants du Clos : les Roland devront donc
assurer cette vie; 3. On est au mois de septembre; 4. Pronom personnel
neutre où nous employons le démonstratif. Cf. Mme de Sévigné (14 février 1664) :
« Aimons la Providence, il est aisé »; 5. Expression fréquente déjà au XVIIe siècle
pour caractériser une émotion violente qui s'empare de l'être tout entier; 6. Les
impôts du vingtième; 7. *Du Moutier :* directeur des aides à Villefranche; 8. Il
s'agit du « mot » de remerciement.

confiance, et, en faisant ce que tu jugeras le meilleur ne dis plus rien de l'administration passée. Tu feras assez de choses différentes, joins-y l'air de ne point blâmer le contraire et de n'avoir point en vue de le relever. Une fois maître tu dois être aussi indulgent, aussi circonspect pour le précédent administrateur que tu étais sincère et ferme quand tu n'avais que la faculté de parler[1].

Mais qu'ai-je à faire de te dire ce que tu sens mieux que moi? Mon pauvre ami, viens exercer en cultivateur tes connaissances et ton activité, viens fortifier ta santé en améliorant les restes des biens de tes pères, en embellissant le domaine de notre enfant; viens jouir en paix et en confiance de la nature et de l'amitié!

LETTRE XXX

A MONSIEUR BANCAL DES ISSARTS[2]

Ce 5e jour de l'an II de la liberté (19 juillet 1790).

Il est vrai que les âmes s'entendent, que j'avais parfaitement calculé le jour de votre première lettre; aussi ne savais-je que penser lorsque je vis arriver de la ville sans qu'on nous apportât rien de Paris. On ne nous dit point que le courrier n'était pas encore venu; son retard a tout éclairci.

Assurément, vous serez, vous êtes notre digne et bon ami; quel autre nous pourrait rendre les convenances qui nous rapprochent, les rapports qui nous lient? Si vous avez promptement aperçu en nous ces mœurs simples, compagnes des sages principes et des douces affections, nous avons bientôt reconnu votre cœur aimant et généreux, fait pour goûter tout ce que peuvent produire le sentiment et la vertu.

Il est plus vrai qu'on ne le pense que ces temps de révolution si propres à développer les facultés morales, et ce qui existe de passions nobles, favorisent également ces liaisons rapides et durables qui naissent de l'énergie des unes et des autres.

Sous l'ancien régime, il fallait peut-être s'étudier davantage pour s'apprécier sûrement : mais, avec une haine égale

1. Mme Roland, en cette petite affaire, se montre telle qu'elle sera quand son mari sera ministre; 2. Notaire à Clermont, choisi comme électeur par un district de cette ville. Il contribua à former la « Société des amis de la Constitution ».

de l'esclavage, des tyrans, et des vices qu'ils enfantent ou protègent, lorsqu'on vit à une époque où cette haine doit se manifester par la conduite et par des sacrifices, on a toujours avec soi une juste mesure pour estimer ses pareils.

Vous avez célébré la fameuse journée[1] [...] Vous aurez occupé à la fête une place où il est glorieux de se trouver parce qu'elle est donnée à des soins pris dans un temps où le seul amour du bien faisait braver les périls.

Le ciel n'a pas voulu que je fusse témoin d'aucun de ces grands spectacles dont Paris a été le théâtre et dont j'aurais été ravie. Je m'en suis dédommagée en me livrant avec transport à tous les sentiments qu'ils ont dû enflammer dans les âmes saines.

Je me rappelle avec attendrissement ces instants de ma jeunesse où nourrissant mon cœur dans le silence et la retraite de l'étude de l'histoire ancienne, je pleurais de dépit de n'être pas née Spartiate ou Romaine[2]. Je n'ai plus rien à envier aux antiques Républiques : un jour plus pur encore nous éclaire, la philosophie a étendu la connaissance des droits et des devoirs de l'homme, nous serons citoyens sans être ennemis des malheureux qui ne partagent pas les bienfaits de notre patrie.

Lyon a subi un changement depuis notre départ; la réclamation générale du peuple a forcé la municipalité de prononcer l'abolition des octrois. Il n'y avait plus que ce moyen de conserver l'industrie dans une ville qui n'existe que par elle. De sages administrateurs l'auraient prévu et se seraient fait un mérite de la chose. On avise aux moyens de remplacement et l'impôt sur les loyers paraît entraîner le consentement universel.

Notre ami[3] prêchait depuis longtemps contre ces octrois désastreux et la voix de la vérité[4], toute perdue qu'elle paraisse dans la foule, finit par opérer des changements inattendus.

Mais il n'y aurait qu'un seul et puissant moyen d'influer[5] à Lyon, d'y régénérer les esprits, ce serait d'y élever

---

1. La fête de la Fédération (14-Juillet) : Bancal Des Issarts y assistait comme député de Clermont; 2. Lectures de Tacite et de Plutarque; 3. Roland; 4. Touchante confiance dans la force de la vérité, et moyen habile d'exalter le sens politique de son mari; 5. *Influer :* faire couler dans, en parlant des astres : « les astres influent diverses qualités sur les corps. » Par extension, en parlant des choses morales; ainsi Bossuet *(Traité du libre arbitre)* : « Dieu est lui-même, par son essence, le bien essentiel qui influe le bien dans tout ce qu'il fait. » L'emploi absolu du verbe est encore une hardiesse à cette époque.

une imprimerie patriotique; nous l'avions bien senti; nos seconds sont trop lents ou trop lâches et nous ne pourrons soulever le fardeau à nous seuls.

Je ne sais si la nomination[1] des juges obligera bientôt notre ami de retourner dans cette ville; jusque-là nous n'avons de projets que pour notre domaine[2] et les travaux de cabinet et déjà notre existence sera modifiée suivant notre situation. Redevenus fermiers, nous rendons aux soins agraires et domestiques l'activité que nous donnions aux spéculations politiques. Cependant, j'avoue qu'à mon arrivée la campagne m'a paru triste; les fleurs du printemps sont passées, celles de l'automne ne sont pas encore venues, et l'été de ce climat[3] n'a que des ardeurs stériles. Nous n'avons point de ces grandes scènes champêtres, de ces lieux romantiques[4],

> Where heav'nly pensive contemplation dwells,
> And ever musing Melancholy reigns[5].

Le pays est austère, sans majesté; le sol est dur et ingrat; c'est la retraite du sage laborieux qui se fait un bonheur sévère et qui embellit son séjour par sa conscience bien plus qu'il ne reçoit de ses entours des impressions délicieuses. Mais passé le premier moment où cette âpreté fait quelque peine, la raison s'accommode de l'ensemble et le cœur, toujours électrisé dans les champs, même les plus agrestes, fait aisément les frais du reste.

Notre ami a repris son travail sur les pelleteries; je vais étudier les mœurs de ces pauvres animaux que le besoin des contrées boréales et le luxe de nos pays tempérés fait chasser pour leurs fourrures; l'aimable botanique aura quelques-uns de mes regards et je conserve sur ma table Thomson[6] et le Tasse[7] pour ne pas oublier entièrement leurs langues.

J'ai dans ce moment devant ma fenêtre, mais à un éloignement presque désolant, la cime du mont Blanc que mes yeux ont tant cherchée à Lyon : elle est dorée par les derniers rayons du soleil couchant.

---

1. L'élection décidée par la Constituante; 2. Le clos de la Platière; 3. Au sens de « pays »; 4. Il est intéressant de relever ce mot à cette date; 5. Vers de Pope (1688-1744) : « Là, pensive divinement, la contemplation se prolonge, là règne éternellement et médite la mélancolie »; 6. *Thomson* (1700-1748), poète anglais, auteur des *Saisons*, qui furent traduites en 1769; 7. *Le Tasse* (1546-1595), le plus grand poète italien de la Renaissance; la première rédaction de la *Jérusalem délivrée* est de 1575.

Adieu, je vous rends à vos occupations et vais reprendre les miennes; mais ce sera sans cesser de nourrir les sentiments qui vous ont fait accueillir, qui vous attendent et qui vous sont voués pour jamais dans notre ménage.

Lettre XXXI

A MONSIEUR BUZOT[1]

L'Ab.[2], 22 juin 1793.

Je suis venue ici, fière et tranquille, formant des vœux et gardant encore quelque espoir pour les défenseurs de la Liberté. Lorsque j'ai appris le décret d'arrestation contre les vingt-deux[3], je me suis écriée : Mon pays est perdu! — J'ai été dans les plus cruelles angoisses jusqu'à ce que j'aie été assurée de ton évasion; elles ont été renouvelées par le décret d'accusation qui te concerne; ils devaient bien cette atrocité à ton courage. Mais, dès que je t'ai su au Calvados[4], j'ai repris ma tranquillité. Continue, mon ami, tes généreux efforts; Brutus désespéra trop tôt du salut de Rome aux champs de Philippes[5]; tant qu'un républicain respire, qu'il a sa liberté, qu'il garde son énergie, il doit, il peut être utile. Le Midi t'offre, dans tous les cas, un refuge; il sera l'asile des gens de bien. C'est là, si les dangers s'accumulent autour de toi, qu'il faut tourner tes regards et porter tes pas; c'est là que tu devras vivre, car tu pourras y servir tes semblables, y exercer tes vertus.

Quant à moi, je saurai attendre paisiblement le retour du règne de la justice, ou subir les derniers excès de la tyrannie, de manière à ce que mon exemple ne soit pas non plus inutile. Si j'ai craint quelque chose, c'est que tu fisses pour moi d'imprudentes tentatives. Mon ami! C'est en sauvant ton pays que tu peux faire mon salut, et je ne voudrais pas mon salut aux dépens de l'autre; mais j'expirerais satisfaite

---

1. *Buzot* (1760-1794) : un des chefs de la Gironde; il dénonce Robespierre comme aspirant à la dictature. Proscrit. Tente de soulever le Calvados. On le trouva mort avec Pétion dans un champ; 2. La prison de l'Abbaye. Mme Roland y avait été incarcérée le 12 juin 1793. Elle fut ensuite transférée à Sainte-Pélagie; 3. Buzot était l'un des vingt — non des vingt-deux — décrétés d'accusation; 4. Il avait gagné Évreux, puis Caen; 5. Poursuivis par Antoine et Octave, Brutus et Cassius furent vaincus dans les plaines de Philippes. Brutus se jeta sur une épée que lui tendit l'un de ses amis (42 av. J.-C.).

en te sachant servir efficacement ta patrie. Mort, tourments,
douleur ne sont rien pour moi : je puis tout défier. Va, je
vivrai jusqu'à ma dernière heure sans perdre un seul instant
dans l etrouble d'indignes agitations. [...] J'ai employé mes
premières journées à écrire quelques notes qui feront plaisir
un jour[1]; je les ai mises en bonnes mains et je te le ferai
savoir afin que dans tous les cas, elles ne te demeurent point
étrangères. J'ai mon Thomson (il m'est cher à plus d'un
titre); Shaftesbury[2], un dictionnaire anglais, Tacite et
Plutarque[3]; je mène ici la vie que je menais dans mon
cabinet chez moi, à l'hôtel ou ailleurs; il n'y a pas grande
différence; j'y aurais fait venir un instrument[4] si je n'eusse
craint le scandale; j'habite une pièce d'environ dix pieds
en carré; là, derrière les grilles et les verrous je jouis de
l'indépendance de la pensée, j'appelle les objets qui me
sont chers et je suis plus paisible avec ma conscience que
mes oppresseurs ne le sont avec leur domination. [...] Mon
ami, ta lettre du 15 m'a offert ces mâles accents auxquels je
reconnais une âme fière et libre, occupée de grands desseins,
supérieure à la destinée, capable de résolutions les plus
généreuses, des efforts les plus soutenus[5]. J'ai retrouvé
mon ami, j'ai renouvelé tous les sentiments qui me lient
à lui; celle du 17, elle est bien triste! Quelles sombres
pensées la terminent! Eh! il s'agit bien de savoir si une
femme vivra ou non après toi! Il est question de conserver
ton existence et de la rendre utile à notre patrie; le reste
viendra après. [...]

Lettre XXXII

A SA FILLE

(Octobre 1793.)

Je ne sais, ma petite amie[6], s'il me sera donné de te voir
ou de t'écrire encore. Souviens-toi de ta mère. Ce peu de
mots renferme tout ce que je puis te dire de meilleur. Tu

---

1. Ses *Mémoires*, confiés à Bosc et à Champagneux, qui les firent paraître
en 1795 et en 1800; **2.** *Shaftesbury* (1671-1713) : philosophe sceptique. Une
traduction française de ses œuvres avait paru en 1769; **3.** C'est de Plutarque que
vient l'allusion précédente à Brutus; **4.** Un clavecin ou une guitare. Mme Roland
aimait la musique avec passion; **5.** On pense aux héros célébrés par Plutarque et à
l'enthousiasme de Vauvenargues jeune lisant les *Vies*; **6.** Eudora avait douze ans.

m'as vue heureuse par le soin de remplir mes devoirs et d'être utile à ceux qui souffrent. Il n'y a que cette manière de l'être[1].

Tu m'as vue paisible dans l'infortune et la captivité, parce que je n'avais pas de remords, et que j'avais le souvenir et la joie que laissent après elles de bonnes actions[2]. Il n'y a que ces moyens non plus[3] de supporter les maux de la vie et les vicissitudes du sort.

Peut-être et je l'espère, tu n'es pas réservée à des épreuves semblables aux miennes; mais il en est d'autres dont tu n'auras pas moins à te défendre. Une vie sévère et occupée[4] est le premier préservatif de tous les périls et la nécessité, autant que la sagesse, t'impose la loi de travailler sérieusement.

Sois digne de tes parents : ils te laissent de grands exemples, et si tu sais en profiter, tu n'auras pas une inutile existence.

Adieu, enfant chérie, toi que j'ai nourrie de mon lait et que je voudrais pénétrer de tous mes sentiments. Un temps viendra où tu pourras juger de tout l'effort que je me fais en cet instant pour ne pas m'attendrir à ta douce image[5]. Je te presse sur mon sein.

Adieu, mon Eudora.

1. On notera la grandeur de cette conception du bonheur; 2. L'action a toujours été passionnément aimée par Mme Roland : elle était pour elle une source du bonheur; 3. Ces moyens sont les seuls; 4. Le grand mal du siècle fut l'oisiveté; 5. Les exemples des anciens inspiraient à Mme Roland des accents plus sobres qu'à l'ordinaire. Elle a écrit cette lettre entre le 4 et le 8 octobre, à un moment où elle pensait au suicide. Elle fut exécutée le 8 novembre. Son mari devait se suicider huit jours après pour ne pas survivre à celle qu'il avait aimée.

INTRODUCTION

Gabriel-Honoré de Riqueti, comte de Mirabeau, fils de Victor de Riqueti, marquis de Mirabeau, l' « ami des hommes », comme il se surnomma lui-même, prenant le titre d'un de ses ouvrages d'économie politique, eut une jeunesse orageuse. Son père le fit enfermer à l'île de Ré, puis, plus tard, au château d'If et au fort de Joux. C'est alors qu'il séduisit Sophie de Raffey, jeune épouse du vieux marquis de Monnier, et qu'il s'enfuit en Hollande avec elle. En 1777, le gouvernement français obtint son extradition, et il fut interné au donjon de Vincennes (8 juin). Il écrivit alors à Sophie des *Lettres* qui ont été publiées : c'est une œuvre vivante, originale, passionnée. Il sortit de Vincennes en 1780. Son rôle sous la Révolution est trop connu pour être rapporté. Il mourut en 1791, le 2 avril : ses restes furent transportés au Panthéon : ils en furent retirés en 1794.

Lettre XXXIII

A SOPHIE

19 juillet 1778.

Demande un peu aux valeureux champions des vieilles sottises, s'ils ont lu dans le livre du destin, ou plutôt des possibles, comment se porteraient les hommes, s'ils étaient bien et vigoureusement élevés ? et s'ils n'y ont pas trouvé ce chapitre, pourquoi décident-ils *que nous ne nous en portons pas plus mal pour avoir été mal élevés*[1] ? En effet, le quart de nos enfants meurt dans la première année, plus d'un tiers périt en deux ans, et au moins la moitié dans les trois premières années ; ne voilà-t-il pas une belle preuve de la bonté de notre méthode[2] ? Notez, s'il vous plaît, excellente raisonneuse, que nous sommes les seuls êtres soumis à cette mortalité terrible, et qu'ainsi elle est purement[3] due à nos erreurs. Et notre jeunesse, comme elle est belle et forte ! Ce sont tous autant de spectres dorés vieux à trente ans. Qu'on

---

1. Influence de Rousseau ; **2.** Ironie violente ; **3.** *Purement :* uniquement.

voie en Suède, en Danemark, en Pologne, dans tout le Nord, en Angleterre, dans tout le reste du monde où l'on n'élève pas les enfants comme dans une petite moitié de notre Europe, où l'on est parvenu à dégrader l'espèce humaine en la garrottant au physique et au moral; qu'on voie, dis-je, si les enfants y sont emmaillotés et craignent l'eau. Eh bien! il n'est pas un de ces hommes agrestement éduqués[1] qui n'assommât en jouant huit ou dix douzaines de nos talons rouges[2] et autres valets de cour[3] ou badauds de ville[4]; et si moi, qui te parle, me sens bien la force d'en renverser quelques bataillons en soufflant dessus, c'est que la vie dure que j'ai menée et les exercices violents que j'ai aimés (nager, chasser, escrimer, jouer à la paume, courir à cheval) ont réparé les innombrables sottises de mon éducation... Mais nous voilà tous... Eh oui, nous voilà[5] : 1º la moitié de ce que nous devrions être[6]; 2º nous voilà rachitiques, faibles, malingres, bossus; quelques plançons[7] sont échappés droits et sains; y a-t-il beaucoup de raison et de tendresse[8] à risquer ses enfants à cette hasardeuse loterie ? J'aime tout à fait aussi le *soutènement des reins par un corps*[9]. Je te prie d'examiner si les petits chats, chiens et autres animaux sont soutenus par des corps de corde ou de laine, comme tu l'entendras. Eh bien! par ma foi, je n'en ai point vu de bossus; et nos belles dames qui, en vérité, aiment ordinairement beaucoup mieux leurs petits chiens que leurs enfants[10], ne manqueraient pas d'emmailloter ceux-là, comme on fait de ceux-ci, si l'expérience n'avait prouvé qu'ils se trouvaient mieux de la liberté. Voilà une et deux trop grosses balourdises pour que j'aie pu te les passer; je te fais grâce de bien d'autres; mais franchement tu n'as pas le sens commun; mais pas, pas l'ombre, à peu près autant de raison; d'ailleurs beaucoup d'érudition et d'esprit, que puisse le ciel te conserver pour ton ingrate patrie! Sur le tout, madame, lis M. de Buffon[11], qui en sait autant que toi et les autres;

1. *Éduqués.* Le mot, rejeté par Voltaire, s'est péniblement maintenu; 2. Les petits marquis; 3. Terme de dédain pour désigner les courtisans; 4. La bourgeoisie oisive; 5. On notera la vivacité de la pensée et le ton oratoire du passage; 6. Par suite de la mortalité infantile dont Mirabeau a montré plus haut toute la gravité; 7. *Plançons :* grands corps d'arbres qu'on fend à la scie. La comparaison d'une croissance humaine régulière avec celle d'un bel arbre date d'Homère; 8. L'union de ces deux mots est caractéristique du siècle; 9. Il s'agit du corset; 10. On remarquera le caractère satirique et sarcastique de toute cette lettre; 11. Mirabeau lisait beaucoup Buffon, qu'il considérait comme le plus grand homme de son siècle.

lis le grand Rousseau (tu entends bien que ce n'est pas du
faiseur de vers[1] que je parle), lis son magnifique poème
d'*Emile*, cet admirable ouvrage où se trouvent tant de vérités
neuves[2]. Laisse les fous, les envieux, les bégueules hommes
et femmes, et les sots s'en moquer et dire que c'est un homme
à système. Il est trop vrai que, vu notre dépravation, tout
ce qu'il propose n'est pas faisable, et en vérité, il n'y a pas
là de quoi nous vanter; mais la partie de son ouvrage qui
traite de l'éducation physique et de celle du premier âge
n'est point dans ce cas, et c'est là où tu trouveras les vrais
principes.

Lettre XXXIV

A SON PÈRE[3]

[Fin 1777 ou début 1778[4].]

Mon père,

Mes yeux sont sérieusement attaqués; et de l'aveu d'un
habile oculiste, à peine me reste-t-il l'espoir que la discon-
tinuation du travail que nécessite la solitude, les distractions
causées par la vue de quelques humains, et l'exercice que me
permettrait une vie moins renfermée, retarderaient la cécité
à laquelle je ne compte pas échapper. Je vous épargnerai
et les réflexions et le détail des autres maux qui me rongent;
mais consultez-vous vous-même, mon père[5] : c'est votre
fils souffrant anéanti et menacé d'aveuglement[6], qui vous
implore pour la dernière fois. Que direz-vous? Que j'ai
gagné[7] un oculiste que j'ai vu dix minutes en ma vie? Que
j'ai séduit le commandant qui depuis dix-huit mois se loue
constamment de ma conduite? Que je trompe tout le monde
excepté vous, vous seul dans l'univers? Que je suis un
hypocrite, un scélérat, un monstre qui ne mérite pas même
qu'on me donne le choix du supplice? Eh bien, mon père,

---

1. C'est-à-dire J.-B. Rousseau (1671-1741), auteur d'épîtres, d'allégories,
mais surtout d'odes et de cantates; 2. Quelques mois après il fera ainsi l'éloge
de l'*Emile* : « Ordonnance sublime; détails admirables; style magique; raison
profonde; vérités neuves; observation parfaite. » (*Lettre à Sophie*, du
18 décembre 1778); 3. Le marquis de Mirabeau; 4. Lettre écrite entre le mois
de juin 1777, date de l'incarcération de Mirabeau à Vincennes, et le mois de
novembre 1778, date de la mort de son fils unique, âgé de cinq ans; 5. Il
dépendait uniquement du marquis de Mirabeau que son fils sortît du donjon de
Vincennes; 6. Le terme s'employait encore au sens propre; 7. Corrompu.

je m'attends à ces discours : ils ont été prononcés, écrits, imprimés mille et dix mille fois; il est plus aisé de les répéter encore aujourd'hui : car autrefois j'y pouvais répondre, et maintenant je ne le puis... Je m'y attends, dis-je et mon parti est pris.

O Dieu, Dieu juste! Dieu vengeur, si vous existez, n'accablez pas l'oppresseur dont je n'ai pu fléchir l'âme barbare; adoucissez seulement, touchez son cœur pour mon fils; que cet enfant ne subisse pas les mêmes épreuves que son malheureux père; il y succomberait sans doute : sauvez-le de tant de cruautés. Je n'ai rien à demander pour moi qu'une mort prompte et le pardon de mes fautes; mais que votre clémence daigne s'étendre sur mon père comme sur moi[1].

Lettre XXXV

AU MAJOR DE MAUVILLON[2]

16 juin 1789.

Ce n'est qu'aujourd'hui, mon cher major, que j'ai quelques minutes pour vous répondre, quoique j'aie depuis plusieurs jours votre lettre du 31 mai. Nous étions occupés à nous constituer[3] et les quatre jours consumés à cette importante délibération ne nous ont pas laissé respirer. Ajoutez que j'étais lesté[4] de fièvre dans cette même période et que j'ai été obligé de la suer dans l'Assemblée, et que j'ai parlé trois fois dans le frisson. Ce grand ouvrage est fait, et nous nous sommes constitués Assemblée nationale, sur le refus réitéré des deux ordres de se réunir à nous, et de vérifier leurs pouvoirs en commun.

Ce n'était pas mon avis et vous verrez à cet égard un très

---

1. Son père ne le fit sortir de Vincennes qu'après trois ans et demi de détention : on comprend que Mirabeau, victime des lettres de cachet, ait écrit contre elles à Vincennes le *Traité des lettres de cachet et des prisons d'Etat* (1778). En 1778, par un revirement inattendu, il dédie à son père *la Monarchie prussienne*. Le marquis de Mirabeau mourut le 11 juillet 1789; 2. *Mauvillon* (1743-1794). Né en Allemagne d'un père français, cet officier et professeur à Brunswick aida Mirabeau dans la propagation de *la Monarchie prussienne*, qu'il traduisit en allemand; 3. La noblesse et le clergé avaient refusé la vérification des pouvoirs en commun, et les députés du tiers (dont faisait partie Mirabeau, élu à la fois à Aix et à Marseille) s'étaient « constitués » en Assemblée nationale; 4. Terme imagé et expressif : par comparaison avec « être lesté d'un bon repas ».

intéressant débat dans ma onzième lettre à mes commet-tants[1] qui part après-demain à votre adresse. Vous y trou-verez ma motion qui n'était autre que celle-ci : *De nous déclarer représentants du peuple français ;* c'est-à-dire ce que nous sommes incontestablement, ce que personne ne peut nous empêcher d'être, et ce mot à tiroir, ce mot vraiment magique qui se prêtait à tout, qui n'alarmait personne, réduisait à des termes bien simples le grand procès : *Est-ce le peuple français, ou les cent mille individus qui se prétendent une caste à part, qui donneront des lois à la France ?*

Ils ne l'ont pas voulu; et dans les chances les plus favo-rables, si, ce que je ne crois pas possible, le roi donnait sa sanction[2] au nouveau titre, que nous nous sommes arrogé, il resterait qu'ils ont joué le royaume au trente et quarante[3], tandis que je le disputais à une partie d'échecs où j'étais le plus fort. L'effervescence, au reste, est prodigieuse, et l'on est irrité de ce que je suis toujours aux partis modérés. Mais je suis si convaincu qu'il y a une différence énorme entre voyager sur la mappemonde[4] ou en réalité sur la terre; je le suis tellement que nos commettants s'intéressent extrê-mement peu à nos discussions métaphysiques, tout impor-tantes qu'elles puissent être, et que nous ne pouvons compter vraiment sur leur appui, qu'alors que nous toucherons directement au pot-au-feu[5]; je le suis tellement que le meilleur moyen de faire avorter la Révolution, c'est de trop demander, que je mériterai encore longtemps cet honorable reproche[6]; mais je m'en réfère à mes lettres à mes commettants et à votre jugement exquis. [...]

---

1. Mes électeurs. Il s'agit d'une publication périodique qui remplaça son *Jour-nal des états généraux,* supprimé dès le premier jour; 2. Il ne la donna pas; 3. A un jeu de hasard; 4. Comme nous disons « dans les nuages »; 5. Mirabeau ne recule pas devant une image familière; 6. A savoir : d'être un modéré.

JUGEMENTS
sur les épistoliers du XVIII° siècle.

SUR VAUVENARGUES

La correspondance entre Vauvenargues et Mirabeau dans sa nouveauté d'aujourd'hui est donc une intéressante lecture, profitable et pleine de sens ; elle agite beaucoup d'idées, provoque bien des observations contraires, pose au naturel les deux personnages, ajoute à notre bonne opinion de l'un, et ne laisse pas du tout une mauvaise opinion de l'autre.

Sainte-Beuve,
le Moniteur (31 août 1857).

A cette ambition, qui est la caractéristique de son être, ajoutez toute la tendresse et toute la noblesse imaginables, une sagesse qui n'a rien de froid, toutes les nobles passions, fermeté, fierté, générosité : voilà comment Vauvenargues se révèle dans ses lettres au marquis de Mirabeau et à Fauris de Saint-Vincens, les deux amis de son enfance. A Voltaire, dans cette correspondance qui leur fait également honneur à tous les deux, il fait la confidence de ses idées philosophiques et littéraires.

G. Lanson,
Lettres du XVIII° siècle (1904).

SUR Mme DE STAAL

Elle a jugé le monde où elle vivait avec la plus implacable, la plus aiguë clairvoyance. C'est aussi le caractère de ses lettres, écrites du même style, précis, sobre, rigoureux, mordant, d'une netteté qui donne aux choses un relief singulier. Mme de Staal est un des esprits les plus mordants, les moins indulgents, les plus pénétrants pour découvrir le mal, et l'une des âmes les plus désenchantées, les plus mélancoliques, les plus lasses de la vie et de l'humanité qui aient existé.

G. Lanson,
Lettres du XVIII° siècle (1904).

SUR Mme DU DEFFAND

On croit plus d'esprit à Mme Du Deffand qu'elle n'en a : on la loue, on la craint, elle ne mérite ni l'un ni l'autre; elle est, en fait d'esprit, ce qu'elle a été en fait de figure et ce qu'elle est en fait de naissance et de fortune, rien d'extraordinaire, rien de distingué; elle n'a, pour ainsi dire, point eu d'éducation, et n'a rien acquis que par l'expérience : cette expérience a été tardive, et a été le fruit de bien des malheurs.

Ce que je dirai de son caractère, c'est que la justice et la vérité, qui lui sont naturelles, sont les vertus dont elle fait le plus de cas.

Elle est d'une complexion faible, toutes ses qualités en reçoivent l'empreinte. Née sans talent, incapable d'une forte application, elle est très susceptible d'ennui, et ne trouvant point de ressource en elle-même, elle en cherche dans ce qui l'environne, et cette recherche est souvent sans succès; cette même faiblesse fait que les impressions qu'elle reçoit, quoique très vives, sont rarement profondes; celles qu'elle fait y sont assez semblables; elle peut plaire, mais elle inspire peu de sentiments.

C'est à tort qu'on la soupçonne d'être jalouse : elle ne l'est jamais du mérite et des préférences qu'on donne à ceux qui en sont dignes, mais elle supporte impatiemment que le charlatanisme et les prétentions injustes en imposent; elle est toujours tentée d'arracher les masques qu'elle rencontre, et c'est, comme je l'ai dit, ce qui la fait craindre des uns et louer des autres.

Mme Du Deffand,
son portrait par elle-même (1774).

Les lettres de Mme Du Deffand ont pour elles le charme du naturel, les expressions les plus heureuses, et la profondeur du sentiment dans l'ennui. Pauvre femme! elle m'en fait encore pitié. Mais il y a peu de mouvement, parce que les événements qui étaient hors d'elle n'étaient rien pour elle. En effet, il ne pouvait plus y avoir d'événements pour une femme de son âge; ainsi ses lettres se ressentent un peu de la monotonie de quelqu'un qui ne parle que de ses sentiments et qui en parle toujours à la même personne.

Mme de Choiseul,
Correspondance inédite.

Elle disait d'elle, se comparant à Mme de Sévigné et s'humiliant dans la comparaison (cette fois c'est à Horace Walpole qu'elle s'adressait) :

« Vous trouvez, dites-vous, mes lettres fort courtes. Vous n'aimez pas que je vous parle de moi; je vous ennuie, quand je vous communique mes pensées, mes réflexions; vous avez raison; elles sont toujours fort tristes. Vous entretenir de tel et telle, quelle part y pouvez-vous prendre? Malheureusement je ne ressemble en rien à Mme de Sévigné, je ne suis point affectée des choses qui ne me font rien; tout l'intéressait, tout réchauffait son *imagination ;* la mienne est à la glace. Je suis quelquefois animée, mais c'est pour un moment; ce moment passé, tout ce qui m'avait animé est effacé au point d'en perdre le souvenir. »

Ce n'est pas nous qui prendrons plaisir à ajouter notre commentaire au sien et à l'écraser du voisinage de Mme de Sévigné : oui, Mme de Sévigné avait proprement reçu d'une fée en naissant l'*imagination*, ce don magique, cette corne d'or et d'abondance; mais, de plus, elle avait su ménager sa vie et sa sensibilité.

Sainte-Beuve,
Causeries du lundi (1849-1861).

Je ne sais pas de correspondance au XVIIIe siècle qui ait un intérêt psychologique plus sérieux que ces lettres où Mme Du Deffand fait la confidence et la description de son mal, d'autant que l'histoire de cette âme, c'est l'histoire du siècle. Mais de plus cette femme a l'un des esprits les plus charmants, les plus fins, les plus étendus, les plus vifs que jamais femme ait possédé [...] Elle a une précision sans minutie, une exactitude, une propriété de termes, qui ne se démentent jamais, une décision et une sobriété énergiques, un style, qui fait songer à celui de Bussy, avec moins de sécheresse, ou à celui de Voltaire, avec moins de légèreté.

G. Lanson,
Lettres du XVIIIe siècle (1904).

SUR LE PRÉSIDENT HÉNAULT

Les femmes l'ont pris fort souvent
Pour un ignorant agréable,
Les gens en *us* pour un savant,
Et le dieu joufflu de la table
Pour un connaisseur très gourmand...
Qu'un bon estomac soit le prix
De son cœur, de son caractère,
De ses chansons, de ses écrits !
Il a tout : il a l'art de plaire,
L'art de vous donner du plaisir,
L'art si peu connu de jouir :
Mais il n'a rien, s'il ne digère.

Voltaire,
Correspondance.

SUR Mlle DE LESPINASSE

Le mérite inappréciable des *Lettres* de Mlle de Lespinasse, c'est qu'on n'y trouve point ce qu'on trouve dans les livres ni dans les romans; on y a le drame pur au naturel, tel qu'il se révèle çà et là chez quelques êtres doués : la surface de la vie tout à coup se déchire, et on lit à nu. Il est impossible de rencontrer de tels êtres, victimes d'une passion sacrée et capables d'une douleur si généreuse, sans éprouver un sentiment de respect et d'admiration, au milieu de la profonde pitié qu'ils inspirent. Pourtant, si l'on est sage, on ne les envie pas; on préférera un intérêt calme, doucement animé; on traversera, comme elle le fit un jour, les Tuileries par une belle matinée de soleil, et avec elle on dira : « Oh! qu'elles étaient belles! le divin temps qu'il faisait! l'air que je respirais me servait de calmant; j'aimais, je regrettais, je désirais; mais tous ces sentiments avaient l'empreinte de la douceur et de la mélancolie. Oh! cette manière de sentir a plus de charmes que l'ardeur et les secousses de la passion! Oui, je crois que je m'en dégoûte; je ne veux plus aimer fort; j'aimerai doucement... » Et pourtant, au même moment où elle dit qu'elle aimera doucement, elle ajoute : « mais jamais faiblement ». Et voilà la morsure qui la reprend. Oh! non, ceux qui ont une fois goûté au poison ne s'en guérissent jamais.

Sainte-Beuve,
Causeries du lundi (1849-1861).

La *Correspondance* de Mlle de Lespinasse ne nous la montre point telle que la foule assemblée dans son salon la voyait. On y aperçoit bien un goût fin, un esprit hardi et vaste, nul souci des règles et des théories littéraires : elle juge avec sa raison naturelle, et sur son impression personnelle. Mais ce qui se révèle dans ses *Lettres*, c'est le fond de son âme, ce drame secret de son existence morale, dont ses plus chers amis ont eu seuls la confidence.

G. Lanson,
Lettres du XVIIIe siècle (1904).

SUR D'ALEMBERT

Mme Du Deffand a écrit dans le portrait qu'elle fit de lui :

D'Alembert jouit de la réputation due aux talents les plus éminents et à la pratique constante et exacte des plus grandes vertus. Le désintéressement, la vérité, forment son caractère; généreux, compatissant, il a toutes les qualités essentielles, mais il n'a pas toutes celles de la société; il manque d'une certaine douceur et aménité

qui en fait l'agrément; son cœur ne paraît pas fort tendre, et l'on
est porté à croire qu'il y a plus de vertu en lui que de sentiment.
On n'a point le plaisir d'éprouver avec lui qu'on lui est nécessaire :
il n'exige rien de ses amis, il aime mieux leur rendre des soins
que d'en recevoir d'eux. La reconnaissance ressemble trop aux
devoirs, elle gênerait sa liberté. Toute gêne, toute contrainte, de
quelque espèce qu'elle puisse être, lui est insupportable, et on l'a
parfaitement défini en disant qu'il était esclave de la liberté.

Mᵐᵉ Du Deffand,
portrait cité dans la *Correspondance de Mᵐᵉ Du Deffand*.

SUR L'ABBÉ BARTHÉLEMY

L'abbé Barthélemy gagnera, ai-je dit, à la publication de ces
lettres nouvelles dont un bon nombre sont de lui. Non pas qu'on
ne puisse trouver aujourd'hui ses descriptions bien souvent longues
et tirées, ses grandes chroniques de Chanteloup fades et traînantes,
ses plaisanteries froides et compassées : il faudrait une énergie de
plume qu'il n'a pas pour nous faire repasser avec plaisir sur la
monotonie de ces journées heureuses. Disons-nous, pour être
justes, que ce n'est pas pour nous qu'il écrivait, c'était pour les
personnes de sa coterie qui trouvaient tout cela fort bon, fort doux,
et très amusant.

Sainte-Beuve,
Causeries du lundi (1849-1861).

SUR LA DUCHESSE DE CHOISEUL

Vous me demandez votre portrait, vous n'en connaissez pas la
difficulté; tout le monde le prendra pour le portrait d'un être
imaginaire. Les hommes ne sont point accoutumés à croire aux
mérites qu'ils n'ont pas; mais il faut vous obéir; le voici :

Il n'y a pas un habitant du ciel qui vous ait surpassée en vertus,
mais ils vous ont surpassée par leurs intentions et leurs motifs.
Vous êtes aussi pure, aussi juste, aussi charitable, aussi humble
qu'ils ont pu l'être; si vous devenez aussi bonne chrétienne, vous
deviendrez tout de suite une aussi grande sainte; en attendant
contentez-vous d'être ici-bas l'exemple et le modèle des femmes.

Vous avez infiniment d'esprit, surtout de la pénétration, de la
profondeur et de la justesse; vous observez tous les mouvements
de votre âme. Vous voulez en connaître tous les replis : cette idée
n'apporte aucune contrainte à vos manières, et ne vous rend que
plus facile et plus indulgente pour les autres.

La nature vous a fait naître avec tant de chaleur et de passion, qu'on juge que si elle ne vous avait pas donné aussi infiniment de raison, et que vous ne l'eussiez pas fortifiée par de continuelles et solides réflexions, vous auriez eu bien de la peine à devenir aussi parfaite, et c'est peut-être ce qui fait qu'on vous pardonne de l'être. L'habitude où vous êtes de réfléchir vous a rendue maîtresse de vous-même; vous tenez pour ainsi dire tous les ressorts de votre âme dans vos mains, et sans rien perdre de l'agrément du naturel, vous résistez et vous surmontez toutes les impressions qui pourraient venir à la sagesse et à l'égalité de votre conduite.

Vous avez de la force et du courage sans avoir l'air de faire jamais aucun effort. Vous êtes parvenue, suivant toute apparence, à être heureuse : ce n'est point votre élévation ni votre éclat qui fait votre bonheur, c'est la paix de la bonne conscience, c'est de n'avoir point à vous reprocher d'avoir offensé ni désobligé personne; vous recueillez le fruit de vos bonnes qualités par l'approbation et l'estime générale; vous avez désarmé l'envie : personne n'oserait dire et même penser qu'il mérite autant que vous la réputation et la fortune dont vous jouissez. Il n'est pas besoin de parler de la bonté de votre cœur, on doit conclure par tout ce qui précède combien il est rempli de sentiments.

Tant de vertus et tant d'excellentes qualités inspirent du respect et de l'admiration; mais ce n'est pas ce que vous voulez; votre modestie qui est extrême, vous fait désirer de n'être jamais distinguée, et vous faites tout ce qui dépend de vous pour que chacun se croie votre égal.

Comment se peut-il qu'avec tant de vertus et de charmantes qualités, vous n'excitiez pas un empressement général ? C'est qu'on se voit arrêté par une sorte de crainte et d'embarras; vous êtes pour ainsi dire la pierre de touche qui fait connaître aux autres leur juste valeur, par la différence qu'ils ne peuvent s'empêcher de trouver qu'il y a de vous à eux.

Mme Du Deffand,
portrait de Mme la duchesse de Choiseul
(6 novembre 1766).

Quand elle connut ce portrait, Mme de Choiseul, effarée, écrivit à Mme Du Deffand les lettres qui suivent.

... 1766.

Puisque je n'ai pas le temps, ma chère enfant[1], d'entrer en discussion sur le portrait que vous m'avez envoyé, il faut du moins que je vous remercie de vous être occupée de moi, et de vous en être occupée d'une façon qui m'est si flatteuse[2]. Car c'est de votre

---

1. Rappelons que Mme de Choiseul avait trente-neuf ans de moins que Mme Du Deffand; **2.** « Flatter » se dit de tout ce qui agrée à une personne, lui fait plaisir.

opinion dont[1] je suis flattée, et non du portrait, qui n'est pas le
mien. Mais je suis pour vous ce que vous me voyez; et tant que
votre cœur seul me jugera, je n'aurai rien à désirer. Mais sans
nulle modestie, et pour l'honneur inviolable de la vérité, je vous
démontrerai, quand j'en aurai le temps, que ce portrait écrit avec
tant d'esprit, de feu[2] et de grâce ne me ressemble presque en rien.
Je vous apprendrai, à mes dépens, à me connaître; mais gardez-
m'en[3], je vous prie, le secret pour vous seule.

... 1766.

Mon Dieu non, ma chère enfant, je n'ai pas montré ce portrait
à l'abbé[4]; d'abord, je n'ose pas le dire, parce que je l'ai oublié,
et si je m'en étais souvenue, je le lui aurais bien moins montré
encore. Mais j'apprends que vous le faites voir à tout le monde.
Cela me fâche[5] en vérité. C'est un ridicule[6] pour moi, parce qu'il
ne me ressemble pas. Ce serait une fatuité s'il me ressemblait.
Enfin, ne le montrez plus, je vous en prie; laissez-moi seulement
dire : Ah! combien je suis aimée de ma chère petite-fille, puisqu'elle
me voit ainsi!... Cela suffit à ma gloire et à mon sentiment.

Janvier 1767.

Malgré ce que je vous ai écrit, ma chère enfant, malgré ce que
je vous ai dit, je vois que vous montrez le portrait. J'ai entendu
hier que vous en parliez à tout le monde. Croyez, je vous en conjure,
qu'autant je suis non flattée, mais touchée que vous me voyiez
ainsi, autant je suis peinée que vous vouliez faire partager un
enthousiasme qui glacera tout ce[7] qui ne m'aime pas autant que
vous : et en nous rendant justice à toutes deux, vous conviendrez
qu'il n'y en a pas beaucoup! Encore une fois, il[8] n'a été que trop
vu, on n'en a que trop parlé, et vous me perdez[9] s'il en est question
encore. Ne tournez pas contre la pauvre grand-maman qui vous
aime tant la marque d'amitié la plus sensible que vous puissiez
lui donner. Je vous sais pourtant bien bon gré de ne l'avoir pas
donné à l'abbé. Adieu, ma chère enfant. Croyez en ma prudente
vieillesse, et souvenez-vous toujours qu'il n'y a que vous d'enfant
dans ce siècle.

Mme de Choiseul,
Lettre à Mme Du Deffand.

---

1. Noter l'emploi libre de *dont*. Cf. Racine, *Mithridate*, v. 975 : « L'ardeur
dont tu sais que je l'ai recherchée »; **2.** Métaphore courante. Inspiration ardente;
3. Il s'agit du portrait : le tour est équivoque; **4.** L'abbé Barthélemy : voir
ses *Lettres* et la Notice; **5.** Le verbe qui, au XVIIe siècle, signifiait « peiner
profondément » commence à perdre de sa force; **6.** Au XVIIe siècle, on disait
encore « c'est un ridicule », en parlant des personnes : cet usage disparaît au
XVIIIe siècle; **7.** Emploi du neutre en parlant de personnes; **8.** Le portrait;
9. Faire périr. Cf. Racine, *Athalie*, v. 1123 : « Tu frappes et guéris; tu perds
et ressuscites. »

On tirerait de ses lettres de quoi décrire dans le plus grand détail un idéal d'exil ministériel au XVIIIe siècle. Chanteloup, vu par les yeux de Mme de Choiseul ou par ceux du grand abbé, est un Éden. Mais les agréables incidents qui viennent en égayer ou en diversifier le tableau disparaissent pour nous devant une réflexion plus sérieuse. Que d'illusion dans cette ivresse!

Sainte-Beuve,
Causeries du lundi (1849-1861).

———————

SUR BUFFON

Les lettres de Buffon n'ont rien de l'improvisation animée ni de la rédaction curieuse. Il est manifeste qu'en les écrivant (à part un petit nombre de cas solennels qui tranchent sur le sans-gêne ordinaire), il n'avait aucune arrière-pensée de publicité non plus qu'aucune recherche d'agrément : il croyait n'écrire que pour l'ami à qui il s'adressait, sur ce qui l'occupait dans le moment, sur ses affaires, ses intérêts, ses affections. Aussi cette correspondance nous rend-elle le plus sincère et le plus véridique témoignage de ses mœurs, de ses habitudes d'esprit, de sa manière d'être et de sentir. Littéralement, Buffon n'avait pas à grandir ni à déchoir; le grand écrivain en lui est dès longtemps hors de cause et ne saurait dépendre de ce qu'il peut y avoir d'un peu commun dans les lettres : moralement, sa correspondance nous le montre partout, et dans toute la teneur de sa vie, sensé et digne. Elle lui fait honneur par bien des côtés; elle ne le diminue en rien.

Sainte-Beuve,
Causeries du lundi (1849-1861).

Ce sont des lettres d'affaires et des lettres toutes familières, que le besoin journalier arrache à Buffon : car il épargne son temps, il n'est pas causeur la plume à la main. Il ne se dépense pas, et met à part toute coquetterie d'esprit. Mais dans le terre à terre et la simplicité unie de sa correspondance, il n'y a rien de bas ni de vulgaire : si la grandeur de son esprit n'y apparaît pas tout entière, on y devine à chaque page la noblesse de son âme, à qui les passions mesquines et les petits sentiments sont plus étrangers encore que les grands enthousiasmes [...] Les lettres de Buffon achèvent de détruire la légende qui s'est formée autour de son nom : on n'y aperçoit pas trace de cette emphase orgueilleuse, de cette affectation pompeuse de majesté, que certaines anecdotes ont rendues populaires.

G. Lanson,
Lettres du XVIIIe siècle (1904).

———————

SUR BEAUMARCHAIS

A défaut de jugement sur sa « Correspondance », qu'on nous permette de citer ici quelques lignes d'un récent biographe de Beaumarchais, M. Pierre Richard :

Il était foncièrement bon, mieux, bon homme [...] Il n'était pas plus méchant avec les hommes qu'avec les bêtes. Ses trafics n'ont ruiné personne, et, si ses aumônes furent parfois tapageuses et intéressées, ses papiers posthumes ont révélé neuf cent mille francs de créances non éteintes et plusieurs générosités tacites [...] L'enjouement, voilà qui explique, selon lui-même, sa bonté : « Tous les goûts agréables se sont trop multipliés chez moi pour que j'aie eu jamais le temps ni le dessein de faire une méchanceté... » Certes l'intrigant, le spéculateur, l'immoraliste a mérité sa réputation, mais le joyeux vivant, le brave homme, le chef de famille a mieux encore mérité la sienne. Ne déplorons pas ces contrastes fort humains qui donnent du relief au personnage. Et, loin de le blâmer pour ses faiblesses, félicitons-le de n'avoir pas su les reconnaître. Chez un être aussi perspicace, rien ne prouve mieux la candeur que son acharnement et son impuissance à résoudre le transparent « problème de *sa* vie ».

P. Richard,
la Vie privée de Beaumarchais (1951).

SUR BERNARDIN DE SAINT-PIERRE

Nous tous, nous avons été une fois ses disciples, ses fils ; tous, nous avons été baignés, quelque soir, de ses molles clartés, et nous retrouvons ses fonds de tableaux embellis dans les lointains déjà mystérieux de notre adolescence. Oh! que son rayon de mélancolique et chaste douceur, s'il faiblit en s'éloignant, ne se perde pas encore, et qu'il continue de luire longtemps, comme la première étude des belles soirées, au ciel plus ardent de ceux qui nous suivent!

Sainte-Beuve,
Portraits littéraires (1832-1844).

Dans ses lettres à M. Hennin, au milieu de ses impatiences, de ses plaintes, de ses déceptions continuelles, percent l'amour, l'adoration, l'idolâtrie de la nature, une grande puissance d'enthousiasme, compensée par une égale faculté de désillusion, enfin le rêve chimérique et toujours caressé d'une humanité meilleure [...]

Un Bernardin idyllique, sentimental, champêtre, bénisseur, optimiste, un peu fade dans sa bonté attendrie, un peu rabâcheur dans ses effusions morales, apparaît dans les lettres qu'il a écrites à ses deux femmes et à son ami Robin.

G. Lanson,
Lettres du XVIIIᵉ siècle (1904).

SUR DUCIS

Encore aujourd'hui il n'y a qu'à se baisser et à prendre à poignée dans ses lettres [...] Ne laissons pas, au bout de quelques années, pâlir et s'effacer les nobles mémoires. J'ai toujours un regret, je l'avoue, quand je vois qu'une belle et bonne chose littéraire toute facile et même déjà faite ne s'achève pas, qu'une gerbe reste éparse faute d'un lien. Les lettres de Ducis sont un peu partout [...] Il y aurait pourtant des fidèles qui, avertis par le coup de cloche, ne manqueraient pas d'accourir à la fête de ce Paul ermite, de ce saint Jérôme de la poésie. Ducis, le bon et le grandiose, a gardé plus d'amis qu'on ne croit en bien des coins et en bien des cœurs.

Sainte-Beuve,
Nouveaux Lundis (1863-1870).

SUR Mᵐᵉ ROLAND

Un éloge bien rare à donner aux grandes et glorieuses existences, tout à fait particulier à Mᵐᵉ Roland, c'est que plus on va au fond de sa vie, de ses lettres, plus l'ensemble paraît simple : toujours le même langage, les mêmes pensées sans réserve; pas un repli, nulle complication ou de passions ou de vœux et de tendances diverses [...] Regardez aussi avant que vous voudrez dans sa maison de verre, transparente comme avait souhaité ce Romain; la lumière de l'innocence et de la raison éclaire un intérieur bien ordonné, purifiant. Comme cette femme soutient le regard au point de vue de la réalité!

Sainte-Beuve,
Critiques et portraits littéraires (1832-1844).

La correspondance avec les demoiselles Cannet et la correspondance avec Bancal des Issarts sont du plus grand intérêt. On y voit un tableau dressé au jour le jour des commencements de la Révolution. Espérances, découragements, enthousiasmes, colères mêlées de pamphlets, mêlées de prières, audaces mêlées de désenchantements et d'amertumes, peintures d'un temps et peintures d'une âme, rien n'est plus dramatique, et, sans art, ne touche plus à l'art vrai. Les *Lettres à Buzot*, écrites dans sa prison, en attendant la mort, qui furent longtemps ignorées et qui retrouvées révélèrent enfin quel fut celui des Girondins pour qui Mᵐᵉ Roland eut une passion aussi exaltée que pure, sont d'une admirable éloquence lyrique. Son testament, si l'on peut s'exprimer ainsi, ses adieux à la vie, auxquels on ne peut reprocher que d'avoir été écrits (ou peut-être y a-t-il une certaine pudeur de la mort qui devrait ne pas permettre d'écrire ces choses), sont du reste d'une bien grande beauté et presque simples.

E. Faguet,
Histoire de la littérature française (1900).

SUR MIRABEAU

Ses lettres du donjon de Vincennes sont d'un Rousseau qui adore Tibulle, pleines de sensualité, de vraie passion, aussi d'éloquence, et de cette mélancolie mâle des âmes robustes pour qui le malheur est une forte et non point très désagréable nourriture. On sait qu'il jouit, tout en hurlant parfois de colère, de l'extraordinaire, du cruel et de l'extrême de sa situation, et que les rigueurs le fouettent comme la pluie ou la neige un chasseur aventureux et allègre.

Elles sont elles-mêmes un roman, ces lettres de Vincennes, et soit dit en passant, un roman qui se trouve par hasard être bien composé.

E. Faguet,
XVIIIe siècle (1896).

QUESTIONS

VAUVENARGUES.

Lettre I. — Que savez-vous de l'œuvre de Plutarque, citée par Vauvenargues avec tant d'éloges ? — Après avoir lu quelques-unes des *Vies* de Plutarque, vous discuterez l'opinion de Vauvenargues sur la valeur éducative de ce texte.

Lettre II. — D'après cette lettre, vous essaierez de montrer le parti que prend Vauvenargues dans le débat ouvert par La Bruyère sur les mérites comparés de Corneille et de Racine. — Rapprochez cette lettre de la *Lettre VI*.

Mᵐᵉ DE STAAL.

Lettre III. — Vous montrerez les mérites (littéraires et autres) de cette chronique de la vie en province.

Mᵐᵉ DU DEFFAND.

Lettre IV. — Cette lettre ne permet-elle pas d'esquisser un portrait de Mᵐᵉ Du Deffand ? — Quel passage de son portrait par elle-même (voir les « Jugements ») est illustré par cette lettre ?

Lettre V. — Rappelez brièvement les circonstances de la rupture entre Mᵐᵉ Du Deffand et Mˡˡᵉ de Lespinasse. — Mêmes questions que pour la *Lettre IV*.

Lettre VI. — Que pensez-vous de ce jugement sur la vérité historique de Corneille ? — Quelle est l'origine de l'opinion de Mᵐᵉ Du Deffand sur les Romains ?

Lettre VII. — Quelle critique Mᵐᵉ Du Deffand fait-elle à Voltaire ? — Le pessimisme de Mᵐᵉ Du Deffand.

Lettre VIII. — Que savez-vous du rôle politique de Walpole ? — Montrez la finesse de l'analyse psychologique.

LE PRÉSIDENT HÉNAULT.

Lettre IX. — S'il vous fallait caractériser d'un mot l'esprit de cette lettre, quel terme choisiriez-vous ? — Rapprochez cette lettre des vers de Voltaire cités dans les « Jugements ».

Mˡˡᵉ DE LESPINASSE.

Lettre X. — La musique à la fin du règne de Louis XV. — Recherchez dans cette lettre les détails qui montrent que Mˡˡᵉ de

Lespinasse est une âme inquiète. — Appréciez le portrait de la comtesse de Boufflers. — Le rôle de M. de Malesherbes dans la vie politique.

D'ALEMBERT.

Lettre XI. — Quels étaient les adversaires des philosophes et de l'*Encyclopédie* ? Que pensez-vous du ton de cette lettre ?

Lettre XII. — Voltaire et Shakespeare : histoire d'un enthousiasme passager. Rappelez les faits. — Comment se manifestent dans cette lettre la prudence et l'attachement à la vérité de d'Alembert ?

Lettre XIII. — Rappelez brièvement les rapports entre philosophes et souverains « éclairés ». — Peut-on parler, à propos de cette lettre, de l'ironie et du persiflage de d'Alembert ?

L'ABBÉ BARTHÉLEMY.

Lettre XIV. — Pourquoi, malgré tant d'efforts pour amuser et faire rire, cette lettre reste-t-elle si froide ? — Rappelez les grands faits de l'administration de Choiseul et les circonstances de son exil.

Lettre XV. — Rapprochez cette lettre de la *Lettre III*, et montrez quel intérêt présente ce rapprochement.

Lettre XVI. — Appréciez ce petit tableau. A quel poète grec pensez-vous ? A quels poètes français ? A quels peintres ?

DUCHESSE DE CHOISEUL.

Lettre XVII. — Cette lettre permet-elle de définir la « sagesse » de Mme de Choiseul ?

BUFFON.

Lettre XVIII. — Montrez comment cette lettre nous permet de juger en Buffon le savant et l'homme.

Lettre XIX. — Observation et hypothèse. Comment les voyons-nous en rapport dans cette lettre ?

Lettre XX. — Que savez-vous des grandes divisions de l'*Histoire naturelle* de Buffon ? Quelle importance ont eue les *Epoques de la nature* ?

BEAUMARCHAIS.

Lettre XXI. — Appréciez, dans cette lettre, les sentiments et le style. — Importance des techniques au XVIIIe siècle. — Place que leur réserve l'*Encyclopédie*.

Lettre XXII. — Pourquoi pense-t-on si souvent à Voltaire en lisant cette lettre ?

Lettre XXIII. — Beaumarchais, homme d'affaires. — Rappelez les entreprises et les projets du malicieux auteur du *Barbier de Séville*.

BERNARDIN DE SAINT-PIERRE.

Lettre XXIV. — On a dit que Buffon, Rousseau, Bernardin de Saint-Pierre, étaient à l'origine de cet amour de la nature qui devait être la caractéristique de l'âge suivant; quelle est la part de Bernardin de Saint-Pierre, et quelle est l'importance de cette lettre ?

DUCIS.

Lettre XXV. — Appréciez les sentiments exprimés par Ducis dans cette lettre.

Mme ROLAND.

Lettre XXVI. — Comment Marie Phlipon aime-t-elle Jean-Jacques ? — Les sentiments de la jeune fille pendant sa lecture de *la Nouvelle Héloïse* et l'audition de la sérénade sont-ils différents de ceux qui animent une rêverie de Rousseau ?

Lettre XXVII. — Le langage de la passion. — Influence de J.-J. Rousseau. — L'exagération du sentiment.

Lettre XXVIII. — On pense à Mme de Sévigné. Pourquoi ?

Lettre XXIX. — Bonté et sensiblerie. — Sens pratique et sentiment.

Lettre XXX. — Influence de Rousseau. — Le culte de l'antiquité au moment de la Révolution et dans cette lettre. — Le sentiment de la nature.

Lettre XXXI. — Les goûts littéraires de Mme Roland d'après cette lettre. — La fierté et le courage dans les moments difficiles.

Lettre XXXII. — Un idéal de vie apparaît dans cette lettre : précisez-le.

MIRABEAU.

Lettre XXXIII. — Influence de l'*Emile*. — Le ton de cette lettre est-il en rapport avec ce que vous connaissez du caractère de Mirabeau ?

Lettre XXXIV. — L'exagération du sentiment. — L'ironie : caractérisez-la.

Lettre XXXV. — La réunion des états généraux et les débuts de la Révolution. — Le ton oratoire. — Importance de cette lettre pour l'explication du rôle de Mirabeau à l'aube de la Révolution.

SUJETS DE DEVOIRS

Narrations :

— Une journée à Chanteloup pendant la disgrâce et l'exil de Choiseul.

— Au cours d'une halte, pendant la désastreuse retraite de Bohême, Vauvenargues s'entretient avec un jeune officier et lui dit comment il surmonte ses douleurs physiques et morales.

— Une réunion chez Mme Du Deffand (ou Mlle de Lespinasse) : comment imaginez-vous le décor? Esquisse d'une conversation.

— Une journée de Buffon à Montbard.

— La représentation de la comédie des *Philosophes* est racontée par un ami de Diderot.

— Une journée de Mme Roland au clos de la Platière.

Dissertations :

— Discutez cette opinion de Sainte-Beuve : « Le lecteur aime, en fait de correspondance, à se former lui-même un avis; il prend plaisir, quand il le peut, à aborder directement les hommes célèbres et à les saisir dans leur esprit de tous les jours. »

— Commentez ce jugement de La Bruyère, dans les *Ouvrages de l'esprit*, sur l'adresse épistolaire des femmes : « Ce sexe va plus loin que le nôtre dans ce genre d'écrire. Elles trouvent sous leur plume des tours et des expressions qui souvent en nous ne sont l'effet que d'un long travail et d'une pénible recherche. Elles sont heureuses dans le choix des termes qu'elles placent si juste que, tout connus qu'ils sont, ils ont le charme de la nouveauté, et semblent être faits seulement pour l'usage où elles les mettent. Il n'appartient qu'à elles de faire lire dans un seul mot tout un sentiment, et de rendre délicatement une pensée qui est délicate. Elles ont un enchaînement du discours inimitable qui se suit naturellement, et qui n'est lié que par le sens. Si les femmes étaient toujours correctes, j'oserais dire que les lettres de quelques-unes d'entre elles seraient peut-être ce que nous avons dans notre langue de mieux écrit. »

— Quel est l'intérêt historique des lettres citées dans ce recueil? Montrez que, grâce aux lettres, l'histoire devient vivante.

— La vie littéraire au XVIIIe siècle d'après les lettres contenues dans ce recueil.

— Un grand mal du XVIIIe siècle : l'ennui. Cherchez-en les manifestations dans les lettres de quelques épistolières.

— En vous appuyant sur les lettres contenues dans ce recueil, montrez l'influence de Rousseau et de Voltaire.

— Recherchez dans les lettres de ce recueil la diversité des attitudes des épistoliers devant la vie.

— Le sentiment de la nature : ses manifestations dans les lettres contenues dans ce recueil.

— L'influence des littératures anciennes et des littératures étrangères.

[Plusieurs des questions posées et la plus grande partie des jugements cités en fin de volume peuvent aussi donner lieu à des dissertations.]

TABLE DES MATIÈRES

IMPRIMERIE LAROUSSE, 1 à 9, rue d'Arcueil, Montrouge (Seine).
Avril 1953. — Dépôt légal 1954-1ᵉʳ. — Nº 288. — Nº de série Editeur 188.
IMPRIMÉ EN FRANCE (*Printed in France*). — 294-7-53